鍵のいらない生活
スマートホームの教科書
A GUIDE FOR SMART HOME

株式会社三和テレム
代表取締役
小白悟 著

Crossmedia Publishing

●はじめに ～私たちがスマートホームを手がける理由～

新しい生活様式──。

この言葉が一般的に使われるようになったのは、新型コロナウイルスの感染拡大以降です。意味するのは、感染対策と日常生活、そして経済活動を両立させる暮らしのスタイル。ですが、コロナ禍以前から、社会のさまざまな領域でスマート化（オンライン化）が進んでいた側面もあります。

高齢化する日本の社会は、労働人口の減少期を迎えたこともあり、テクノロジーの活用による生産性向上が喫緊の課題です。また、製品やサービスを提供する側だけでなく、利用する側、つまり生活者を取り巻く環境も変わりつつあります。意識する、しないに関わらず、私たちはネットワークでつながれた、新しい生活様式を受け入れており、コロナ禍で需要が一気に顕在化したのではないでしょうか。

私たちの日常生活を取り巻く環境の変化で、最もわかりやすいのが住空間のスマート化です。以前から、電気の見える化と効率利用で節電、環境負荷の低減を目指すスマートハウスは存在しましたが、コロナ禍以降に注目度が高まっているのが、本書のメインテーマである「スマートホーム」です。

新型コロナウイルスの感染拡大とともに普及したリモートワーク。単身者の場合、それまでは帰って寝る場所だった自宅が、在宅勤務でワークスペースとなるケースも増え、仕事がしやすいようにスマート化の需要が生まれました。「モノのインターネット」と呼ばれるＩｏＴが家電、住宅の設備に取り入れられることで、ファミリー層やシニア層が、利便性を身近に感じられるようにもなっています。

スマートホームの魅力については、第1章以降で詳しくふれていきますが、注目度が高まる反面、普及に向けての課題があるのも事実です。

・設置・設定はほぼ自己責任（保守サポートがない）
・設置難易度が高い（通信環境の整備、機器の選定、メーカーごとのアプリ数の多さか

ら管理が困難、設定自体の難しさ）

・各種工事が発生した際の手配等が煩雑

このように、スマートホームの導入を検討しても、高いハードルがいくつもあるのが現状で、途中で挫折してしまうケースもあります。デバイスやネットワークに関しての知識があるなら別ですが、自信のない方々、特にシニア世代となると、入口のところでお手上げではないでしょうか。

そこで、三和テレムでは、通信環境の構築や電気工事、スマートホーム機器の設置や設定、そして保守までをワンストップで提供するサービス「IoTele（いおてれ）」を開始しました。便利で快適、そして安心・安全なスマートホームを、より幅広い層に提供したいという思いが、このサービスには込めてあります。

●半世紀以上の実績、経験を生かせる新しいビジネスモデル

なぜ、三和テレムがこうしたサービスを始めるに至ったのか。最初に少し補足しておきましょう。

三和テレムの設立は昭和46（1971）年。50年以上、電信電話網の建設、保守に携わり、電力・情報通信ネットワークなどのインフラ構築、建物総合管理サービスを提供してきました。今回のスマートホーム事業とのつながりで大きいのは、10年ほど前からのWi-Fi（ワイファイ）関係の工事実績です。

今、Wi-Fiは通信インフラとして定着しており、コンビニやカフェといった店舗、大型の商業施設はもちろん、富士山でも使えるようになっているほどです。2021年に開催された東京五輪に合わせて整備が進んだため、諸外国に比べて遅れているとされてきた日本のWi-Fi環境も、かなり改善されました。

当社も工事を数多く受注してきましたが、Wi-Fiの普及と比例するように、社会で注目され、製品、サービスとして形になっていったのがIoT。まず産業分野での利用から始まり、今では家電など身の回りの多くの製品もIoT化しています。

このWi-Fi、IoTの普及を、当社はビジネスチャンスだと受け止めました。会社の設立から50年以上かけて培ってきた、情報通信、電力のインフラ構築、建物の総合管理の知見、ノウハウを基盤にしながら、新しい事業を創造できると考えたからです。具体的な形が「スマートホーム」でした。

インターネット、Ｗｉ－Ｆｉを含めた通信環境の整備から、スマートホーム関連のＩｏＴデバイスの設置と運用、そして保守までを一気通貫に提供できる会社は、日本にはあまり存在しません。ビジネスの視点で見ても、下請けが中心だった従来の業務から、自社で付加価値を提案できる事業者に進化することで、成長戦略の中でも大きな柱になる可能性を秘めています。

●テレビリモコン、電子レンジのように使えるスマートホーム

スマートホームに関して、みなさんはどんな印象をお持ちでしょうか。

「デジタルやネットワーク知識がないと使えない」

「特別な環境が必要になる」

「準備するものが多く、コストが高い」

最も多いのは「デジタルやネットワーク知識がないと使えない」、つまり「難しそう」だと思います。ここに関して、当社には明確なイメージがあり、それは「テレビのリモコン、電子レンジのように使えてこそのスマートホーム」です。

お年寄りでも、テレビのリモコンの使い方がわからないという人は、あまりいないでしょう。電子レンジにはいろんな機能がついていますが、「あたため」のようなオートボタンを押すだけでも、料理をあたためることはできます。どちらも、使いこなすのに特別な知識はいりませんよね？

当社が考えるスマートホームも同じです。デジタルネイティブと呼ばれる若い世代はもちろん、小さな子どもがいるファミリー層、そしておじいちゃん、おばあちゃんまで、すべての世代の人たちが簡単に使え、誰でも便利で快適、安心・安全な暮らしを実現してこそのスマートホームであり、新しい生活様式ではないでしょうか。

では、テレビのリモコンや電子レンジのように使え、暮らしに付加価値を添えるスマートホームは、どうすれば実現するのか。実際にサービス提供している事業者だからこそわかるポイントをふまえ、できるだけわかりやすく、解説するために本書を企画しました。

みなさんが、スマートホーム化に向けて一歩踏み出し、ＱＯＬ（Quality Of Life＝暮らしの質）を高めるきっかけになれば幸いです。

２０２３年２月吉日　株式会社三和テレム　代表取締役　小白悟

『スマートホームの教科書～鍵のいらない生活』 目次

第2章

シーン別。今日から始める快適なスマートホーム生活

第3章 住んでよし・管理してよし・売ってよし・持ってよしのスマートホーム

第4章

スマートホームだけじゃない 2030年の未来像

カバーデザイン　都井美穂子
本文イラスト　村山宇希（ぽるか）
編集協力　山下隆（株式会社エディ・ワン）
執筆協力　小野塚久男

第1章

鍵のいらない生活 スマートホームで実現する豊かな生活

第１章では、「スマートホームって何？」というあなたに、まずはスマートホームによって生活がどんなふうに豊かになるのかについてご紹介。さらに、スマートホーム化に必要な通信環境やデバイス、ＤＩＹでスマートホーム化は可能なのかについて解説します。

IoT×ネットワーク×住宅＝便利で快適、安心・安全なスマートホーム

夜、自宅玄関前に近づいたところで、ポケットからスマートフォンを取り出し、アプリを操作すると、カチッ。乾いた作動音とともにドアのロックが解除された。

ドアを開けると、室内には既に明かりが灯っているが、朝、消し忘れて出かけたわけではない。帰りの電車の中でアプリを起動し、照明をオンにしておいたのだ。ついでにエアコンのスイッチもオンにしていたため、室温は寒すぎず、暑すぎず、ちょうどいい塩梅に整えられている。

1日の疲れを癒すのは、やっぱりお風呂。これも電車の中からアプリで操作できるため、帰宅してからお湯をはる必要はなく、そのまま湯船に浸かることができる。

お風呂でじっくり身体をほぐした後は、ソファに座り、缶ビールを片手に、録画しておいた映画を鑑賞。照明をちょっと落としたい時も、テーブルの上のリモコンを探さなくて

も、スマートフォンのアプリで簡単にできてしまう。

映画が終わる頃、寝室の照明を点け、エアコンをオンに。歯磨きなど、就寝前のナイトルーティーンを済ませ、ベッドに入る。寝室の温度、湿度はコントロールされているため、夏でも寝苦しさを感じることはない。スマートフォンのアプリで、リビングの照明、エアコンをオフにして、最後に寝室の照明を消す。

今晩も、いい夢が見られそうだ……。


ちょっと先の未来の暮らしのように思うかもしれませんが、これは未来ではなく現代の「スマートホーム」の光景です。

家電はもちろん、照明、玄関ドア、お風呂などもスマートフォンのアプリ、またはスマートスピーカーでまとめて、さらに遠く離れた場所からでもコントロールできるため、暮らしは想像以上に便利に、スマートになります。詳しくは後述しますが、便利というだけでなく、セキュリティの面でも、また省エネという面でも、スマートホームが注目されているのです。

住宅に興味がある方なら「スマートホームって、スマートハウスとは違うの？」と思うかもしれません。どちらも「スマート」という形容詞がつく住宅のスタイルですが、似ているようでいて、実は明確な違いがあります。

まずスマートハウスですが、ひと言でいうと「家庭の省エネ対策に適した住宅」のこと。政府はエネルギー基本計画の中で、徹底した省エネを行い、「2030年までに原油換算で5030万キロリットルを削減する」という目標を立てています。家庭部門では約1160万キロリットルを目指すとありますが、具体的な施策の1つとして掲げられるのが「HEMS（ヘムス）を全世帯へ導入する」です。

HEMSは「Home Energy Management System」の略で、IT技術によってエネルギーの流れ、使用量を見える化し、家庭でのエネルギー消費量が最適になるようコントロールできる管理システムを指します。つまり、HEMSを導入し、省エネ効果を高めた住宅が「スマートハウス」です。

では「スマートホーム」はどうでしょうか。

IoTやAIなどのテクノロジーを駆使して、便利で快適、そして安心・安全な暮らしを実現する住宅。もう少し砕いて言うと、さまざまな家電、設備をインターネットでつなぎ、人工知能などの先進技術で私たちの暮らしをサポートしてくれる住宅、となります。スマートハウスは「テクノロジー×省エネ」、スマートホームは「テクノロジー×暮らし」となり、明確な違いがあるのです。

本書はスマートホームの基礎知識、必要なデバイスや環境、どうすれば実現できるかなどをわかりやすく紹介、解説するのが狙いであり、最初に「スマートホームとは何か」を、漠然とでかまわないのでイメージしてもらうため、冒頭に具体的な利用シーンを記載しました。

●IoTを住宅に取り入れ、さまざまなメリットを生み出す

この先、スマートホームについてまとめていきますが、欠かせないキーワードの1つとなるのが「IoT」です。

これは「Internet of Things」の略で、日本では「モノのインターネット」と訳されています。家電だけでなく、工場の設備、自動車、インフラなど、社会を構成するさまざまなモノがインターネットにつながることで、新たな価値を創造する。それが「IoT」であ

り、いろんなサービスが生まれています。

スマートホームもその流れの中で生まれたものですが、では、住宅をスマートホーム化することに、どんなメリットがあるのでしょうか。


最もわかりやすいのは「家電の操作が簡単になること」でしょう。

家の中を見渡すと、テレビやレコーダー、エアコンなど、複数のリモコンがあるはずです。あたり前のように存在していますが、使いたいときに見あたらないなど、不便を感じたことはないでしょうか。

スマートホーム化すると、複数のリモコンをスマートフォンのアプリに集約できるため、家電の操作が簡単になります。スマートスピーカーと連携すれば、料理中に手がふさがっているときでも、音楽をかけたり、照明をオンオフしたり、といった操作も可能です。

便利になるのはもちろん、例えば視覚に障害がある方でも、高齢者でも、リモコンなしで直感的に操作できるようになります。

「外出先から家電の操作ができる」ことも、スマートホームのわかりやすいメリットでしょう。

照明やエアコンを消し忘れても、外出先からアプリを使って電源をオフにできるし、逆に、帰宅時間に合わせて電源をオンにしておくこともできます。

また、玄関ドアにスマートロックを取り付ければ、鍵の開閉も外出先からできるため、鍵のない生活も実現します。

●便利なだけでなく、セキュリティ、省エネにも貢献できる

「時短生活が可能になる」こともメリットの1つです。

家電や住宅の設備で、毎日ほぼ決まった時間に使うものがあります。例えば照明やエアコン。帰宅時間がほぼ決まっているなら、「○時になったら照明をオンにする」。夏や冬の朝、起きた時点で部屋を快適な温度にしておきたければ、起床時間に合わせて「○時にエアコンをオンにする」など、アプリで設定するのも可能です。

ルーティンの動作を自動化することで、時間にゆとりが生まれ、その積み重ねが時短につながります。

利便性、快適性がスマートホーム化のメリットの中心になりますが、「安心・安全な暮

らしが実現する」も強調しておきたいポイントです。

前述したスマートロックも、鍵のない生活という利便性の他に、当社で扱う製品の場合、オートロック機能がついているため、閉め忘れの心配がありません。オートロック機能がない製品であっても、外出先から状態を確認して、もし閉め忘れていた場合はアプリを使って施錠できます。

また、オートロックで施錠した時点で、セキュリティが発動するものもあります。ドアや窓にとりつけたセンサーと連動していて、外出中にドアや窓が開けられる、つまり侵入者の可能性を検知したら、スマートフォンにアラートを通知。警備会社と契約しなくても、ＩｏＴによってセキュリティをかけられるわけです。

照明やエアコンを消し忘れた場合、外出先からスマホで確認して電源をオフにできるため、省エネにも貢献できるでしょう。

●誰もが直感的に利用し、メリットを感じられるように

メリットの多いスマートホームですが、「ちょっと敷居が高く感じる」という人もまだま

だ多いはずです。

ＩｏＴが、ネットワークが、ＡＩが、スマート家電が、と説明しても、デジタルに苦手意識のある方には伝わりにくいかもしれません。スマートホームについて説明する時、私がよく例に出すのは「電子レンジ」です。

暮らしの必需品となっている電子レンジですが、以前はワット数や時間を料理や食材に合わせて設定しなければいけませんでした。

今はどうでしょう。若い人なら、商品のパッケージに表示されているワット数、時間を指定するかもしれませんが、そんなことは関係なく、お年寄りが「あたため」等のスイッチを押すだけで、特に問題なく温められるようになっています。お年寄りは、ワット数や時間など、細かなことは考えていないでしょう。

それだけ簡単に使えるからこそ、電子レンジは暮らしの必需品となったのです。

スマートホームも同じロジックで語られると思います。難しいことは考えず、リモコンを使い分ける必要もなく、スマートフォンのアプリ、またはスマートスピーカーから直感的に操作できる。テクノロジーの進化によって、家電や住宅の設備を、それくらい簡単に使いこなせるようになっているのです。

デジタルは苦手、敷居が高そう。なんとなくのイメージで敬遠するのは、実にもったいない。敷居はそれほど高いわけではなく、多くの人にメリットを感じてもらえることを、次項から紹介していこうと思います。

ひとり暮らしからシニア世帯まで スマートホームで暮らしはこう変わる

日本はものづくり大国、技術立国だといわれています。

そこに異を唱える人は少ないと思いますが、ネットワーク化、ＩｏＴの活用、ＤＸ（デジタルトランスフォーメーション）の推進に関しては、欧米だけでなく、中国や韓国と比べても遅れているのが現状です。

現在も、日本には世界に誇れる技術がたくさんあるものの、住宅のＩｏＴ、スマートホームの分野で遅れるのは、正直なところ私も悔しく思います。

一人でも多くの人にスマートホームの魅力、可能性を伝えたい。そんな思いで本書の執筆を決めたわけですが、ここでは「スマートホームは若い世代だけのものではない」ことを強調しておきたいと思います。

子どもの頃からインターネット、スマートフォンやタブレットなどのモバイルデバイスが身近にあり、ＳＮＳに慣れている世代と、スマートホームの親和性が高いのは事実です。でも、決して若い世代に限定されるわけではありません。ちなみに、ＳＮＳとは、Social Networking Service（ソーシャル・ネットワーキング・サービス）の略で、ツイッターやフェイスブック、ラインなどがあります。

若い世代だけではなく、ファミリー層、シニア層、70代以上の高齢者であっても、スマートホームの恩恵は十分に受けられるのです。ここを最初に受け入れてもらうことが、住宅のＩｏＴであるスマートホームを浸透させるには必要になります。

では世代別に、スマートホームの利用イメージをまとめてみましょう。

20代 - デジタルネイティブ世代で「スマートホーム」に抵抗感がない

生まれた時からインターネット環境が整っていた、デジタルネイティブと呼ばれる世代であり、ＩＴリテラシーも高い。

日常的なコミュニケーションはＳＮＳ中心であり、ウェブを駆使した検索能力も、他の世代より高いといえるでしょう。

実家で両親と暮らしているか、一人暮らしでも生活費は低く抑える傾向が強く、スマートスピーカーで音楽を聴くことに抵抗はなくても、積極的にスマートホーム化を意識する人は少ないようです。

30代 - 情報感度が高く「スマートホーム」への関心も強い

結婚して家庭を持つ人は、ファミリー向けの住居を。独身でも、一人で落ち着ける空間として、20代の頃より広めのマンション、アパートを選ぶようになります。

家具や家電にも、自分なりのこだわりを持つ人が増え、情報感度の高い人は、ネットワーク家電をすでに使っていて、暮らしの利便性、快適性を高めている人もいます。

小さな子どもがいる世帯、また女性の一人暮らしの場合、セキュリティの意識も高まり、スマートロックに興味を示す方がいます。

また、お子さんやペットを見守る意味で、ネットワークカメラの設置を考える方も多いようです。

40代、50代 - 親が高齢になり「スマートホーム」を使った見守りを検討

この世代の特徴は、ITリテラシーの濃淡が明確なこと。詳しい方は、利便性、快適性を高め、安心・安全に暮らすために、自ら進んでスマートホームの情報収集を行いますが、疎い方は最初から「自分には関係ない」となりがちです。

この世代には、親が高齢になり、心配事が増えるという共通点もあります。特に高齢の親と離れて暮らしている場合、見守り用ネットワークカメラ、玄関や窓に設置する人感センサーなどを使い、遠く離れた場所からでも親の様子を確認する手段として、スマートホームに興味を示す方が多くいます。

60代 - ITリテラシーが低く「スマートホーム」導入には消極的

体力が少しずつ衰え、老化を意識し始める世代で、ITリテラシーはそれほど高くない方が多く、パソコンにはほとんどさわらない、という方も。住宅事情も、暮らしの形もさ

まざまですが、体力が衰え始めるとはいえ、日常生活には支障がなく、よくわからないスマートホームを、積極的に取り入れようとする方は多くありません。

子どもから導入を提案されても、「まだそんなに老け込んではいない」と、拒否するケースもあるようです。

70代以上 - パソコンやスマホを持っていないことも多い

本格的に体力が衰え、歩くのはもちろん、立つ・座るという動作もつらくなる方が増えてきます。階段の上り下りも億劫になり、2階建ての家でも、1階しか

スマートフォンやタブレットの利用状況（年齢別）

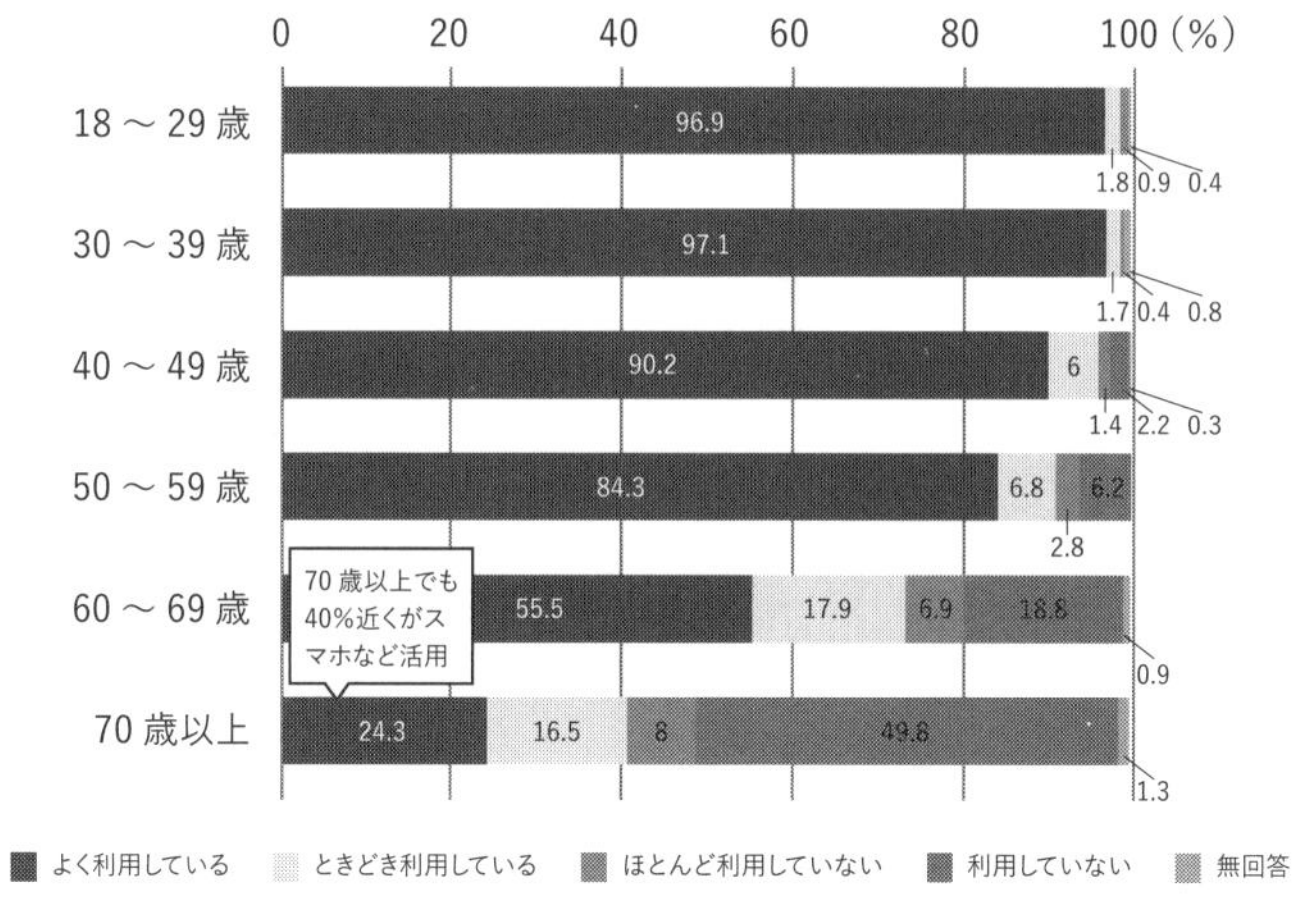

出典：内閣府（2020）「情報通信機器の利活用に関する世論調査」

使わないケースも珍しくありません。ほとんどの場合、ITリテラシーは低く、パソコンはもちろんスマートフォンを持ってない方も大勢います。

自治体などのサポートを受けてスマートホーム化したり、家族が主導して見守り、生活支援のためにスマート機器を利用したりするケースもありますが、多くはありません。

●高齢者にこそスマートホームをおすすめする理由

今のところ、スマートホーム化に興味を示し、実際に導入する割合が高いのは単身世帯、30代～40代のファミリーだと思います。

スマートフォンを日常的に使っていれば、家電や照明、お風呂など住宅設備とインターネットを介してつなげば、「いろいろ便利になりそう」と、生活の延長線上にイメージできるからでしょう。

単身世帯なら利便性、エンターテインメント性が魅力になります。

照明やエアコンのオン／オフを外出先から操作できたり、毎朝、決まった時間にカーテンを開けたり、スマートスピーカーで音楽や動画を鑑賞したり。個人の暮らしを充実させるために、スマートホームは有効です。

ファミリー層の場合、スマート家電を活用した時短、セキュリティ、子どもやペットの見守りなど、安心・安全の価値観が求められるようになります。

今後も、この2つの世代が中心になってスマートホームが浸透していくはずですが、「本当にスマートホームが必要なのは誰なのか？」という思いが、私の中にはあります。「高齢者にこそスマートホームが必要だ」が私の持論であり、普及を加速させるポイントもここにあると思っています。

照明のスイッチをオフにする。窓のカーテンを閉める。リモコンを探して、操作する。普段、あたり前のように行っている動作も、加齢とともにつらくなるもの。ソファから立ち上がって照明のスイッチをオフにする、カーテンを閉める。それだけでも、大変な思いをしている高齢者が大勢います。

視力、認知機能も衰えるため、テレビやエアコンのリモコンが思うように操作できなくなったり、玄関ドアの鍵を忘れて出かけたり、窓の鍵を閉め忘れたり……。加齢とともに、そういうケースが増えるのは仕方ありません。

●「誰も置き去りにしない」スマートホームを届けたい

これまでは「歳を取ったのだから仕方ない」と諦めるしかなかったのですが、スマートホーム化すれば状況は大きく変わります。

照明のオン／オフ、エアコンのオン／オフ、温度などの設定、カーテンの開け閉めなど、今までは立ち上がり、移動して行っていた動作が、スマートフォンのアプリでできるようになります。自動でのコントロールも可能で、一定の温度・湿度でエアコンを自動運転させたり、季節によってカーテンを開け閉めする時間を切り替えたりもできます。

離れて暮らしている子どもが、カメラやセンサーによって、親の様子を確認することもできます。この見守りアイテムとしてスマートホーム化を検討するケースは増えており、将来有望な領域の1つです。

若い世代はもちろん、高齢者まで含めて、これからの暮らしにさまざまな付加価値を添えてくれるのがスマートホーム。内容も、簡易的なものから手の込んだものまでさまざまで、使う人のITリテラシー、環境に合わせて組み合わせが可能です。

国のデジタル政策は「誰も置き去りにしない」をキーワードにしていますが、スマートホームもまた、誰も置き去りにせず、便利で快適、安心・安全な暮らしを実現できるものであるべきだと思います。

スマートホーム化の準備①
まず、通信環境の基礎を知る

では、住宅をスマートホーム化するには何が必要なのでしょうか。大きくは通信回線とデバイス、２つの項目に分けられますが、ここでは通信回線についてふれていこうと思います。

家電や住宅の設備とスマートフォンをつなぐには、インターネット回線が必要になります。最近は戸建てでも、マンションやアパートでも、インターネット回線はほぼ整備されていると思いますが、いくつか種類があるので、自宅はどの回線なのかを確認しておいてもいいかもしれません。

現在のインターネット回線の主流は「光ファイバー」です。通信拠点から利用場所まで光ファイバーでつなぎ、速度は１００Ｍｂｐｓ（メガビーピーエス）から10Ｇｂｐｓ（ギガビーピーエス）。エリアや起点となる基地局の設備などにより、速度の上限が決まります。

電話回線を利用するものが「ＩＳＤＮ（アイエスディーエヌ）・ＡＤＳＬ（エーディーエスエル）」。光ファイバーが普及する前はこの方式が主流でしたが、サービスとしては終息に向かっています。基地局からマンションなどの建物まで光ファイバーを使い、各部屋までは既設の電話配線を使う方式が「ＶＤＳＬ（ブイディーエスエル）」。有名なのは、ＮＴＴ東日本のインターネット接続サービス「フレッツ光」で、速度は１００～２００Ｍｂｐｓです。

電話回線を使うサービスに代わって普及が進んでいるのが、いわゆる「４Ｇ・５Ｇ」、携帯電話接続サービス会社の電波を使用するインターネット回線です。

スマートフォンでのテザリング、ホームルーターを設置して接続し、５Ｇは最大４・２Ｇｂｐｓもの高速通信が可能。エリアは順次拡大中です。

スマートホーム化するだけなら、回線速度自体はそれほど高速でなくても可能なため、「光ファイバー」「ＶＤＳＬ」「４Ｇ・５Ｇ」ならどれでも対応はできます。大きなデータを瞬時に送るのではなく、利用中に接続が途切れないことのほうが重視されるため、重要なのは安定感。

ただ、スマートフォンで操作中、結果が返るまでのレスポンス時間がかかり過ぎるとストレスになるため、ある程度以上の通信速度は必要になるでしょう。

インターネット回線と同時に、スマートホームを実現するために欠かせないのが無線LAN（Local Area Networkの略で「ラン」と呼びます）環境です。最初に思い浮かぶのはWi-Fiだと思いますが、通信規格にはいくつか種類があるため、簡単に整理しておきましょう。

Wi-Fi（ワイファイ）

無線LANで最もポピュラーな通信規格で、スマートフォン、パソコン、ゲーム機、テレビなどで幅広く使われています。到達距離が長く、伝達速度の速いところがメリットですが、常時接続となるため消費電力の高さがネガティブポイントです。

Bluetooh（ブルートゥース）

近距離用の無線通信規格で、パソコンのマウス、キーボード、スマートウオッチなどに使われています。到達距離は延びる傾向にあり、Ｗｉ－Ｆｉよりも省電力というのもメリットになります。

ZigBee（ジグビー）

こちらも近距離用の無線通信規格。家電のリモコン、住宅設備、電力の見える化などに利用されることが多く、デバイス単価の安さ、省電力設計が特徴。

転送距離、速度はＷｉ－Ｆｉより劣りますが、多くの機器を同時接続できるというメリットもあります。

●スマートホームに欠かせない通信環境の基礎知識

Ｗｉ－Ｆｉ、Bluetooth、ZigBeeで室内に無線ＬＡＮ環境を構築するわけですが、その際、利用する周波数帯には「２・４ＧＨｚ帯」と「５ＧＨｚ帯」があります。

基本的なことですが、最新スマートフォンの通信速度向上の象徴として語られる「５Ｇ」と、無線通信の周波数帯「５ＧＨｚ」を混同する人もいるようなので、少しだけ補足しておきます。

前者の「5G」ですが、これは携帯電話などに用いられる次世代通信規格の5世代目をあらわし、「G」はGeneration（ジェネレーション）の頭文字。「ファイブジー」と読みます。周波数帯の「5GHz」の「GHz」はGigahertz（ギガヘルツ）の略で、「ゴギガ」と読むことが多いようです。「?」と思っても、今さら人に聞けないところかもしれないので、間違えないようにしてください。

前述したように、無線LANで利用する周波数帯には「2.4GHz帯」と「5GHz帯」があり、それぞれ次のような特徴があります。

5GHz帯

電波干渉が少なく、速度が速い。ただ、イメージとしては直線的に進む電波となるため、障害物に弱く、隣の部屋や異なる階で使う場合、つながりにくくなる場合もあります。

2.4GHz帯

障害物に強く、隣の部屋、異なる階で使う場合も、安定してつながる。対応機種が多いところがメリット。ただ、対応機種の多さは電波干渉にもつながり、速度が遅くなるケースもあります。

ここまでの内容を整理すると、スマートホームを実現するには、自宅にインターネット回線が引かれており、室内では無線ＬＡＮが使える環境があること。これが前提条件になります。その前提を踏まえて、いくつか注意するポイントがあるので、次にまとめていきます。

スマートホーム化にあたって、インターネット回線を刷新したい。新規に敷設したいという場合、現実的な選択肢となるのは光ファイバーか、携帯電話接続サービス会社の４Ｇか５Ｇのどちらかになるでしょう。

前者は光ファイバーを室内まで引き込み、無線ＬＡＮルーターでＷｉ‐Ｆｉなどの無線通信を利用します。後者もホームルーターで電波を拾い、それを室内に飛ばすことで無線通信が実現します。

どちらでもスマートホームには対応しますが、現状では光ファイバーを選択するケースが多くなっています。

理由はやはり安定性。4G・5Gでインターネットに接続する場合、怖いのは通信制限。スマートフォンのアプリでの操作中に、通信制限がかかって途切れたりすると、ものすごいストレスを感じるはずです。

以前と違い、今は「つながっている」のがあたり前の感覚ですから、コロナ禍でリモートワークが始まった当初、映像が途中で固まってイライラした人も多いでしょう。

似たようなことが、スマートホームで起こるのは避けなくてはいけませんが、それには、光ファイバーを選択するのが無難でしょう。

モバイル通信の速度に関しては、4Gでも対応は可能ですが、接続するデバイスが増えたり、大きな容量が必要なサービスを利用したりすると、やや心もとないところもあります。

その点、5Gなら問題ないものの、現状では対応エリアが限られるため、今後、エリアがどんどん広がっていく過程で、スマートホームでの利用が現実的になるのだと思います。

通信回線を導入する際によく見受けられる問題点としては、インターネット回線用の配管が貧弱か、そもそも古い住宅の場合、配管がない物件もあります。これは日本の住宅建築の問題でもありますが、光ファイバーを新たに敷設する場合、大規模な工事が必要になることもあります。

工務店では工事に対応できないことが多く、その場合、古い配管のままスマートホーム化することになり、最新のスマート家電を用意しても、性能をフルに生かし切れないということもあり得るのです。

配線に関しては、弊社のような専門業者への相談をおすすめします。

●電波を効率よく使うための無線LANルーターの置き場所

マンションの場合、インターネット回線は「マンションタイプ」となっているケースが多く、これは全体のデータ容量が決められています。

光ファイバーをマンションの通信施設に引き込み、そこから先は各住戸でシェアして使います。なので、通信速度が1Gbpsと書かれていても、複数の住戸でシェアし、それぞれが複数のデバイスをつないでいると、割り当てられる速度は遅くなっていきます。

コロナ禍で在宅ワークが始まった頃、インターネット回線がつながりにくい、不安定になったというマンションが多くありましたが、在宅勤務で一斉にインターネットに接続しためため、回線が渋滞を起こしてしまったからです。

特に大規模マンションで目立ったようですが、今後、マンションでもスマートホーム化を進めるには、解決しなければいけない問題でしょう。

室内の無線通信にはＷｉ‐Ｆｉを使うケースが多いと思いますが、そこで知っておいていただきたいのがＷｉ‐Ｆｉルーターの設置場所。置く場所によっては、部屋の隅々まで電波が届かなかったり、死角が生まれたりして、ルーターの性能をフルに発揮できないこともあるからです。

Ｗｉ‐Ｆｉルーターの役目は電波を住居の中に飛ばすこと。ということは、電波の特性を知ると「適切ではない置き場所」が見えてきます。

まず、電波は水に吸収されやすい特性があるため、水槽や花瓶の近く、本や土壁など水分を含むものの近くに置くと、電波が弱くなる可能性があります。

金属にも吸収されやすい性質があり、金属製の棚や機械の近くもよくないとされています。ルーターを見えないようにしようと、棚の中、家具の下に置くケースもありますが、電波が遮られるため、離れた場所に届きにくくなることも。

また、電波はＷｉ‐Ｆｉルーターを中心に全方向へ飛ぶように設計されているため、窓際や部屋の隅に設置すると、電波の一部しか利用できなくなってしまいます。

デジタルコードレス電話などの家電は、Ｗｉ‐Ｆｉルーターと同じ２・４ＧＨｚ帯の電波を発するため、近くに置くと干渉を受けたり電子レンジの電磁波によっても、Ｗｉ‐Ｆｉの電波が弱くなることもあります。

こうした特性を踏まえると、

・床から１メートルくらいの高さ
・出来るだけ部屋の中心
・水分や湿気を含むもの、他の家電が近くにない

これがＷｉ‐Ｆｉルーターの設置場所の目安になります。

電波は目に見えないので、現在の置き場所が正しいのか。強い電波が隅々まで飛んでいるのかを確認できません。

ただ、最近は、電波状況を簡単にチェックできるスマートフォンのアプリもあるため、

「接続が安定しない」など違和感があるなら、一度チェックしてみてはどうでしょうか。

置き場所に注意しても、最近のRC構造（鉄筋コンクリート）のマンションなどは、気密性が高く、すべての居室に満遍なく電波を飛ばすのは難しくなります。その場合、本体の他にアクセスポイントが必要になります。複数の無線ルーターを組み合わせることで、ルーター同士が連携し、部屋の死角がなくなるように無線の電波を飛ばすメッシュWi-Fi対応ルーターがおすすめです。

前述した2.4GHz帯と5GHz帯の使い分けに関しては、スマートホームの場合、そもそも2.4GHz帯でないと設定できない機器も多く、つながりやすさと安定感を重視するためにも、2.4GHz帯で問題ありません。

また、通信規格は定期的に進化しているため、古いWi-Fiルーターの場合、最新規格に対応できないケースもあります。10年以上前のルーターを使っている場合、スマートホームの最新規格に対応できるか、確認したほうがいいと思います。

Wi-Fi の設置場所を変えると通信環境が改善

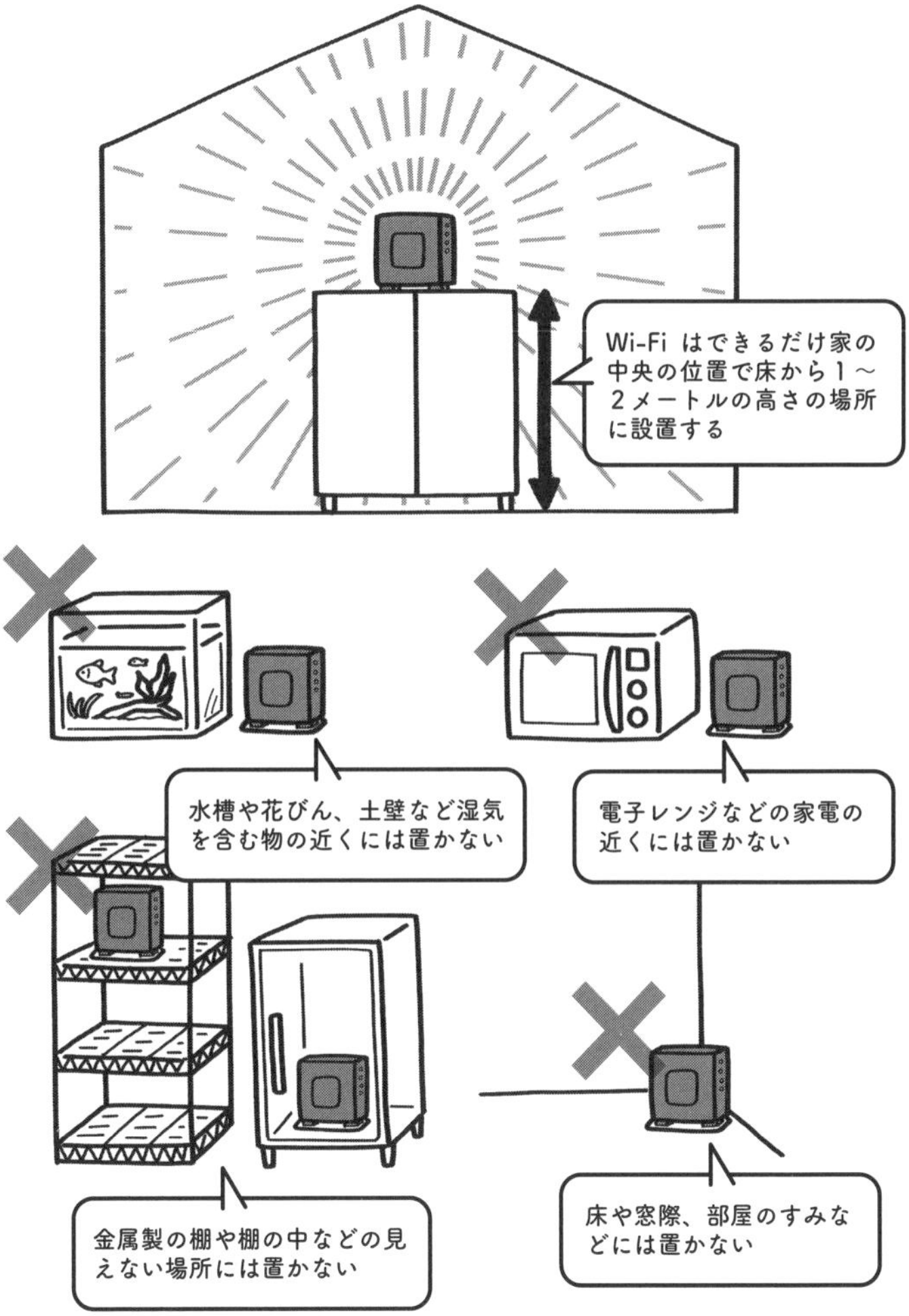
Wi-Fi はできるだけ家の中央の位置で床から1～2メートルの高さの場所に設置する
水槽や花びん、土壁など湿気を含む物の近くには置かない
電子レンジなどの家電の近くには置かない
金属製の棚や棚の中などの見えない場所には置かない
床や窓際、部屋のすみなどには置かない

スマートホーム化の準備②
家電に限らず、住宅設備も対象に

通信環境に続いて、スマートホームを実現するには、どんなモノが必要なのかにふれていこうと思います。具体的な機能、使い方などについては次章で詳しく紹介するため、ここではざっくり、「こういうものがあればいいんだ」を理解していただければ十分です。

スマートフォン、タブレット

在宅時はもちろん、外出先から家電や住宅の設備をコントロールする際のデバイスとなるのがスマートフォン、またはタブレットです。

機種は問いませんが、なるべく新しい機種のほうが操作はスムーズとなり、またセキュリティ面でも安心できます。

スマートスピーカー

ＡＩを搭載し、音声操作が可能なスピーカー。搭載ＡＩは複数ありますが、よく知られているのは次の３つです。

Amazon Echo（アマゾンエコー）の「Alexa（アレクサ）」
Google Homeの「Googleアシスタント」
Apple Homeの「Siri（シリ）」

家電と連携して遠隔操作したり、音楽を流したりなど、機能はさまざま。スマートホームの場合、自宅ではスマートフォンではなく、スマートスピーカーの音声操作を利用するケースが多いようです。

スマートリモコン（赤外線リモコン）

テレビ、エアコン、照明などの家電を操作する時、リモコンのボタンを押し、赤外線で信号を発信しています。問題は、リモコンと家電は1対1の組み合わせとなるため、家電の数だけリモコンが存在することになります。どこに置いたかわからなくなって、イライラした経験を持つ人も多いでしょう。

複数のリモコンを1つにまとめ、操作できるのがスマートリモコン。細かな説明は省略しますが、個々のリモコンが使う赤外線の周波数帯を登録して、スマートフォンのアプリから操作できるようになります。

スマートフォンとスマートリモコンはインターネットでつなぎ、スマホアプリを操作すると、スマートリモコンから家電に向けて、赤外線が発信される仕組みです。

・複数の家電を一括操作できる
・外出先から家電を操作できる
・スマートスピーカーと連携させた、

赤外線リモコンを使えば家電がスマート化できる

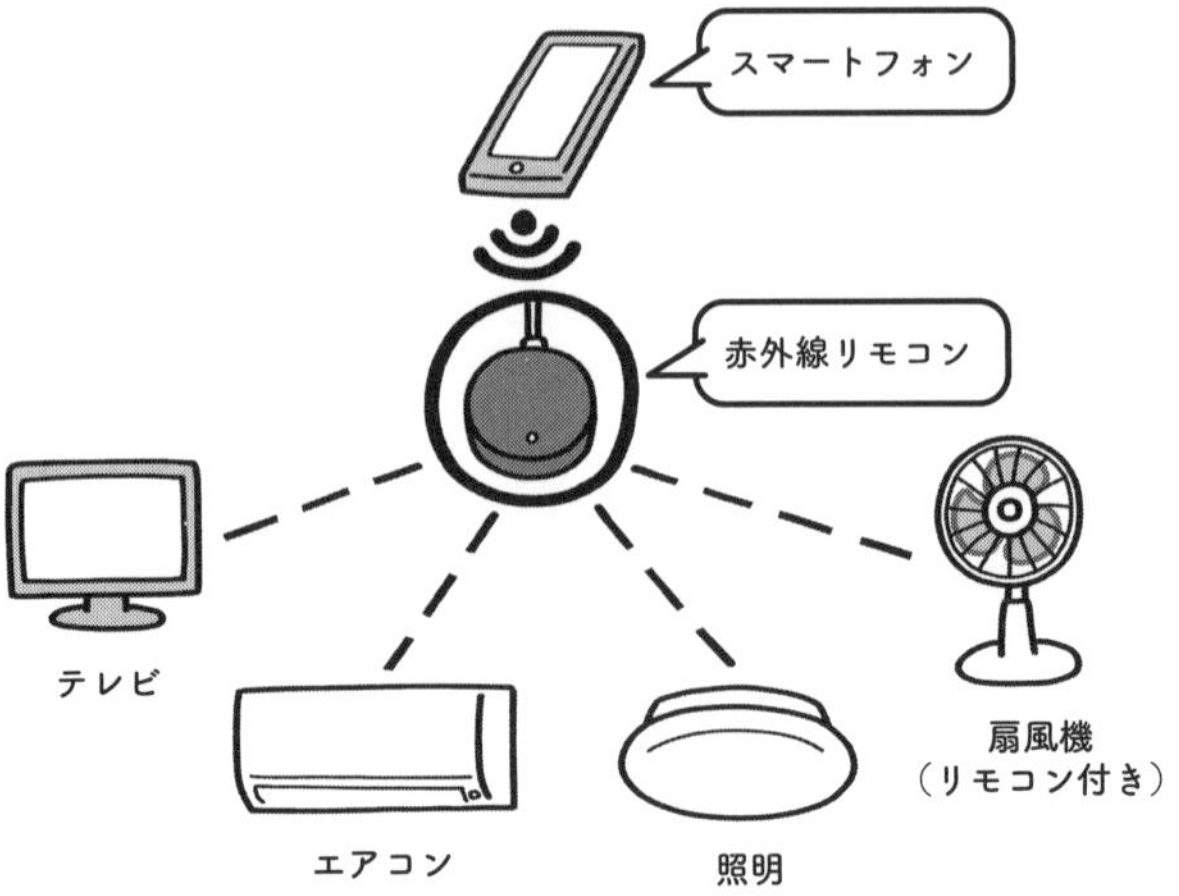

音声コントロールも可能

などのメリットがあり、スマートホーム化には欠かせない存在です。スイッチのオン／オフ以外にも、テレビのチャンネルや音量の変更、エアコンの温度や風量の調整、照明機器の照度などの操作も可能です。また、外出先から温度調整、照明の点灯時間の設定ができるものもあるなど、いろんな使い方ができるようになります。

赤外線は家具や壁に遮られてしまうため、見通しのよい場所に置くのがポイント。また、有効範囲はそれほど広くないため、複数の部屋で使うにはそれぞれにスマートリモコンが必要です。

●玄関ドアもカーテンも、まとめてスマート化できる

スマートフォンやタブレット、スマートリモコン、スマートスピーカー。そして、スマートリモコンを操作するためのアプリをインストールすれば、基本的な環境は整います。

イメージしやすいのは家電の操作だと思いますが、家電に限らず、暮らし全般を便利に、

快適にという視点で注目したいのが、次のようなアイテムです。

スマートロック

玄関に取り付けることで、スマートフォンのアプリで鍵の開け閉めができるようになります。いろんな種類がありますが、

- オートロック機能で閉め忘れを防げる
- 開錠、施錠の履歴を確認できる
- 鍵を紛失するリスクから解放される

などがメリットになります。また、ドアの開閉センサーと組み合わせ、セキュリティを強化することもできます。

アプリだけでなく、暗証番号、指紋認証などでも解錠できる機能を持つ機種もあります。スマートロックで実現する「鍵のない生活」は、スマートホームの大きな魅力の1つだと思います。ただ、特にECサイトでは日本の住宅では使えないものも販売されていたりするため、購入時の注意点を含めて後述します。

ネットワークカメラ

Ｗｉ－Ｆｉを内蔵し、設置された場所の映像を、外出先からでも確認できるカメラ。主にセキュリティ対策として導入されるケースが多いものですが、子ども、またはペットの様子を見守りたいという理由で設置する方も増えています。

電源を接続して使うタイプ、ワイヤレスタイプがありますが、設置の自由度が高いのは後者。ただ、肝心な時にバッテリーが切れていた、という懸念もあるため、どこに設置するのかを含め、購入前に確認したほうがいいでしょう。

スマートカーテン

家電ではありませんが、スマートホーム化するなら、ぜひ導入したいのがスマートカーテンです。これはカーテンに取り付けるデバイスで、アプリで開け閉めができたり、開閉する時間をあらかじめセットしたりすることもできます。工事不要で取り付けられる簡便さも魅力です。

各種センサー

前述した温度センサー、照度センサーがあれば、外出先からエアコンや照明のオンオフだけでなく、細かな設定も可能になります。人感センサーとネットワークカメラを組み合わせれば、不審者が窓に近づいたところで撮影を始め、同時に、スマートフォンにアラート通知することもできます。

通信環境と機材を揃えればスマートホーム化は自分でできる？

スマートホーム化は自分でもできるのか？

これは一概には答えられない内容で、「どこまで求めるか」によって答えは変わってきます。

例えば、スマート家電と対応するアプリがあれば、スマートフォンで操作したり、確認したりするのは簡単です。冷蔵庫、エアコンなど、最近はスマート家電に位置付けられる製品も多く販売されています。

ただ、そうした製品は高価格帯が多く、製品ごとに対応アプリが必要になってくるため、別々に揃えると、リモコン多過ぎ問題ではなく「アプリ多過ぎ問題」が発生しかねません。

それなら、最新のスマート家電ではなくても対応できる、スマートリモコンで一括操作したほうがラクではないでしょうか。

スマートスピーカーを使って、音楽を流す照明やエアコンをオン／オフする。これだけでもスマートホーム感は味わえるかもしれませんが、在宅時の限定であり、外出先から操作することはできません。

家電だけでなく、照明やドア、カメラなども含めて、生活全体をスマート化しようとする場合、すべて自分でやるのは、それなりにハードルが高いでしょう。

最新の機材を揃えてスマートホーム化したものの、「外出先からスムーズに操作できないことがある」「レスポンスが悪い」といった声も聞きますが、LAN配線そのものの問題かもしれません。

日本の建築物は、インターネット回線に対して、完成した時のまま使うというのが前提になっています。理想は、新しい通信規格の性能をフルに発揮できるよう、光ケーブルを通すことですが、それをやらない。やろうと思っても、古い住宅の場合、光ケーブルを通すために大規模な工事が必要となるケースもあります。

また、LANケーブルにも規格があり、最も多く使われているカテ5（カテゴリー5）のケーブルは最大100Mbps。カテ6はギガ対応で最大1Gbps。光回線を引いても、ケーブルがカテ5のままだと、その性能分しか発揮できないので、スマートホーム化するならカテ6に交換したほうがいいでしょう。

このへんの話は専門的で、不動産業者、建築会社などに聞いても詳細はわからないかもしれません。

自宅はどういう環境で、どこまで変えられるのか。スマートホーム化を検討するなら、弊社のように、通信関連を専門に手がけている事業者に相談することをおすすめします。

●スマートロックは電気の供給をどうするかがポイント

自分でできるものをあげると、例えばカメラの設置。一般的な防犯カメラは、記録メディアとしてSDカードを使い、例えば人感センサーと連動させて、異常を感知したら撮影。後でパソコンなどを使って確認するというものでした。

IoT化で通信機能を持ったカメラが生まれ、それがいわゆるネットワークカメラ。IPカメラとも呼びますが、本体にコンピューターが内蔵され、またIPアドレスが割り振られているため、単独でインターネットに接続できるのが特徴です。遠隔操作に対応した、室内用の「赤ちゃんカメラ」「ペットカメラ」などは、特別な手間をかけずに設置可能です。

屋外に設置するネットワーク防犯カメラは、スマートフォンでのカメラ映像の確認、撮影する方向の変更、ズームインなどの操作ができるが、室内用のカメラよりも設置条件が厳しくなります。ただ、コンパクトで軽量ながら4Kの撮影、録画ができ、常時ネットワークにつなげられるモデルもあります。DIY感覚で、設置に挑戦してもいいかもしれません。

スマートロックに関してですが、サムターン（ドアの室内側についている、鍵の開け閉めを行う金具）にすっぽり被せて使うものなら、自分でも簡単にとりつけられるはずです。Bluetoothを搭載するものが多く、スマートフォンと接続すれば、アプリの開錠指示→サムターンをひねって解錠する仕組みになっています。

Wi-Fiに対応するスマートロックなら、離れた場所からでも施錠と解錠、確認ができるようになります。ただ、Wi-Fiのほうが消費電力は大きくなるため、電気の供給をどうするかという問題があります。

このタイプの場合、電池が切れたら従来通り、シリンダーに鍵を差し込んで解錠することになるため、本当の意味で「鍵のいらない生活」とはなりません。

リモコンのない昔ながらの天井照明、お風呂の自動給湯ボタン、コーヒーメーカーなども、あるアイテムを用意するとアプリで操作できるようになります。それがフィンガースイッチポット。小型キューブ状の本体にアームが格納されており、アプリからの信号を受けると、アームを伸ばしてスイッチ、電源ボタンなどを押してくれるのです。

スマートスピーカーにも対応しているため、「お風呂にお湯をためて」など、登録したフレーズで声をかけるだけで、給湯ボタンをオン。付属のテープでスイッチ、ボタンなどの脇に貼り付けるだけなので、誰でも手軽にスマートホーム感を味わえるはずです。

確認すべきポイントが意外に多いDIYスマートホームの注意ポイント

この章の最後に、自分でスマートホーム化する時の注意点をまとめておこうと思います。というのも、コロナ禍の影響もあり、自宅でもっと快適に、便利に過ごしたいという需要が生まれたため、スマートホーム用と謳った製品が、ECサイトなどで販売されているからです。

値段はそれほど高いものではなく、「この値段なら」と購入したものの、実は使えないシロモノだった、というケースも多々あります。特に注意してほしいのがスマートロック。ECサイトで検索すると、スマートロック製品がたくさん表示されるはずです。高いものでも2、3万円、安いものになると5000円程度のものもあり、確かに「この値段なら」と、飛びつきたくなる気持ちもわかります。

ですが、こうした製品のなかには外国製。日本の住宅で使われているドアとは規格が異なるため、取り付けられないことも多いのです。

ユニットごと交換するようなドアノブタイプ、ハンドルタイプの製品は、まず疑ってかかったほうがいいでしょう。日本と海外では、ドアの厚みや鍵のサイズも異なるため、そのままですんなり交換はできないはずです。ドアの形状そのものを加工する必要があり、それには数万円ほど別に費用がかかってしまう場合もあります。

選ぶなら、前述したような、内側のサムターンに被せて使うものが無難でしょう。ただ、それにしても、デザイン優先でつくられている場合、金属のつまみにすんなり被せられないこともあります。値段、デザインだけで選ぶのではなく、ほんとうに取り付けられるのかをしっかり確認すること。そして、ユーザーの評価を鵜呑みにしないこと。不自然に高評価のものがあるのも事実です。

●大手ECサイトで販売されていても、すべて安心ではない

また、ウエブサイト等でスマートホーム関連のアイテムを購入する場合、確認して欲しいのが「PSE」マークの有無です。これは、電気を動力とする「電気用品」に関して、電

気用品安全法（ＰＳＥ）という法律により取得が義務付けられているもの。ＰＳＥマークがないものについては、国内での製造、輸入、販売ができず、メーカーと販売店は処罰の対象になります。

電気用品の裏面を見るとＰＳＥ取得を示すシールなどが貼ってありますが、ひし形と丸型、２つのマークがあります。ひし形のマークは、パソコンやスマートフォンに電力を供給するＡＣアダプター、電源タップ、コンセントプラグなど、壁のコンセントに直接つなぐものが対象。「特定電気用品」と呼ばれます。

丸形はそれ以外の電気用品で、冷蔵庫やテレビ、電子レンジなど、身近な家電製品の多くはここに含まれます。

ＰＳＥの取得は義務であり、例外はありません。ですが、個人で輸入し、ネットで販売するケースだけでなく、大手のＥＣサイトで販売される製品にも、ＰＳＥマークが見られないものがあります。

流通した場合、輸入、販売した事業者には罰金が課され、製品は全品回収。つまり、購入した人も影響を受けることになるため、ＰＳＥマークの有無は要チェックです。

いろんなものがインターネット上で販売され、その利便性は大いに活用すべきだと思います。ただ、ＰＳＥマークのように、取得が義務付けられているのに、それがないまま売られているものもあります。

また、取り付けには電気工事士など、専門の資格が必要な機器が、特に注意書き等なしで売られるケースもあります。

例えば、無資格で自宅のコンセントを交換すると、法律違反で罰金、または懲役が科せられる可能性があります。そもそも、ＤＩＹで交換している途中で、感電や火災を引き起こしたら、取り返しのつかない事故や、怪我を負ってしまうこともあります。資格を持っていない人は安易に作業をしないこと。面倒でも専門の業者などに依頼するようにしましょう。

スマートホーム関連のアイテムを購入する際は、こうしたポイントに注意が必要になります。

第2章

シーン別。今日から始める快適なスマートホーム生活

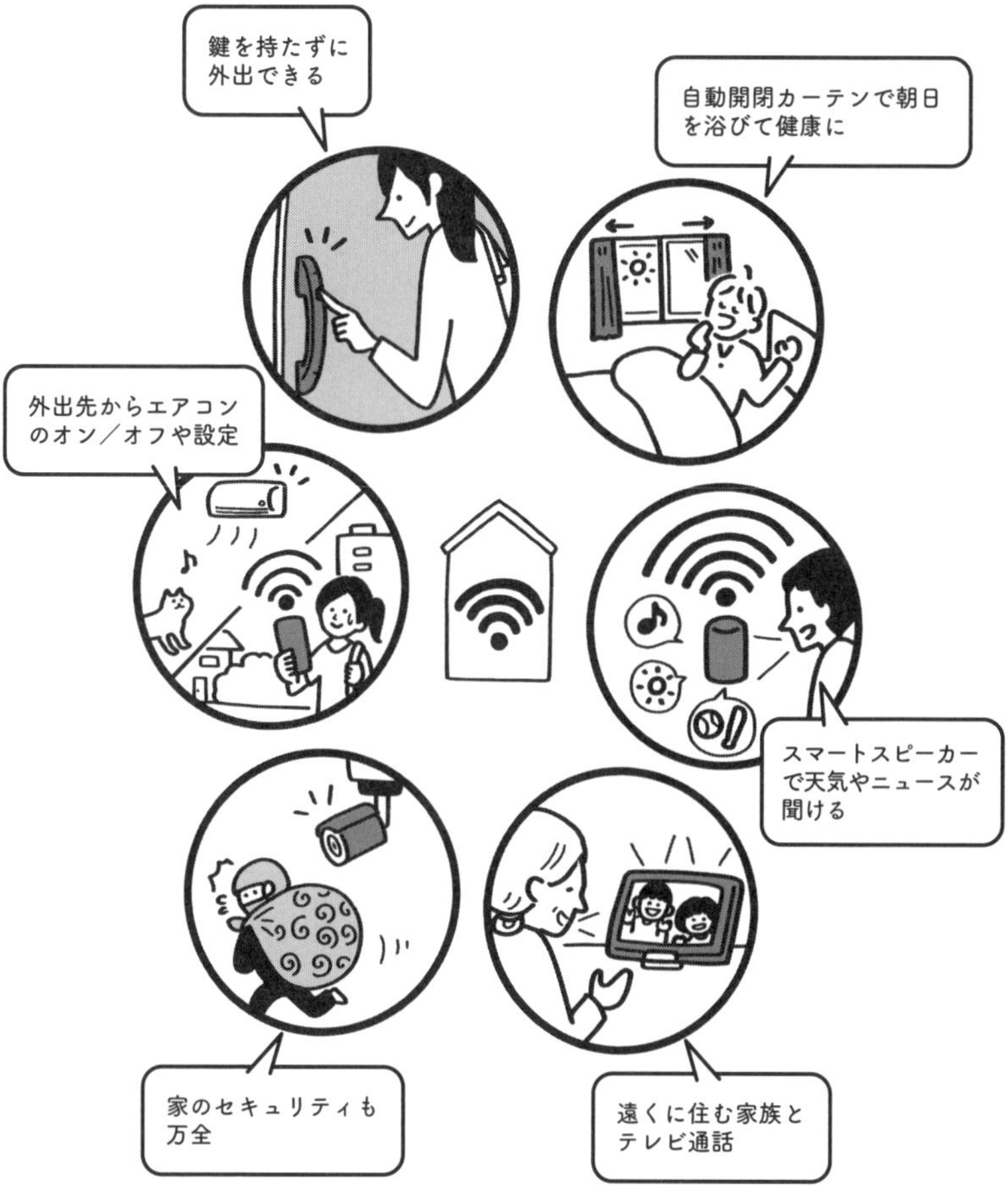

スマートホームというと、あなたはまず何を思い浮かべますか？便利さや快適さ、あるいは近未来を描いたＳＦ映画のような家を思い浮かべる人もいるでしょう。この章では、スマートホームで実現してくれる具体的なメリットを、さまざまな視点から取り上げ、解説していきます。

快適娯楽生活①
この利便性と楽しさは、一度知ると手離せない

スマートホームによって生活がどのように楽しく、豊かになるのでしょう。最初に強調しておきたいのは、「快適さ、利便性、楽しさ」についてです。

・外出先からエアコンのオン／オフ、温度調節ができる
・スマートリモコンでテレビなどを遠隔操作できる
・自宅玄関に近づくと、自動で室内の照明が点灯する
・朝になると自動でカーテンが開き、夕方になると閉まる
・玄関をスマートロックにすることで、鍵の紛失リスクから解放される
・朝、セットしておいた時間にコーヒーを淹れてくれる
・毎日、決まった時間にロボット掃除機が掃除をしてくれる

・外出先から、カメラでペットの様子を確認できる

これらは一例ですが、今まで「出来たらいいな」と漠然と思っていた暮らしが、スマートホームなら誰でも手に入れられます。操作は、外出先ならスマートフォン。家にいる場合は、スマートフォンではなくスマートスピーカーを使ったほうが、スマートホームならではの拡張性を感じられるかもしれません。

スマートスピーカーについて、ここで少しだけ補足しておきましょう。

最大の魅力はやはり、「話しかけるだけでいろんなことができる」という点です。タッチ操作はもちろん、キーボードもマウスも不要で、例えば料理などで両手がふさがっていても家電を操作できます。話すだけなので、子どもからお年寄りまで、誰でも簡単に使えるところも魅力でしょう。

操作には「アレクサ」「オッケー・グーグル」など、きっかけになる言葉が必要であり、最初はちょっと照れ臭く感じる人もいるようです。とはいえ、使うのは家の中で、知らない人に見られているわけではなく、これはすぐに慣れるはずです。ひとり暮らしの場合、話し相手ができたと感じる人もいます。

●スマートホーム化にあると便利なアイテム、スマートスピーカー

選ぶ際のポイントは「使われているＡＩの特徴を知ること」。国内で発売されているスマートスピーカーに利用されるＡＩは、

アマゾンの「アレクサ」　主なスピーカー「アマゾン・エコー」
グーグルの「グーグル・アシスタント」　主なスピーカーは「グーグル・ネスト」
アップルの「シリ」　主なスピーカーは「ホーム・パッド」

基本機能は大きく変わりませんが、使い勝手や拡張性はそれぞれ異なります。使っているスマートフォンの種類、よく利用する機能やサービスをふまえ、最も相性の良いＡＩを搭載したスマートスピーカーを選んでください。

例えば、アマゾンでよく買い物をするなら、商品のお届けを通知したり、電子書籍を音読したりできる「アレクサ」。カレンダーやマップ、フォトなど、グーグルのサービス、

検索をよく使うなら「グーグル・アシスタント」。アイフォーンのユーザーなら、「シリ」がおすすめになります。

スマートスピーカーを所有している人に聞くと、最も多い使い方は「音楽を聴く」です。テレビのバラエティ番組で、料理しながら「アレクサ、○○をかけて」など、好きな音楽を楽しむ様子を見かけますが、珍しい光景ではないようです。

どの音楽配信サービスを利用できるかも、選ぶ際のポイントになるでしょう。というのも、「アレクサ」と「グーグル・アシスタント」以外は、利用できる配信サービスが限定されてしまうからです。

●スマートスピーカーはこう選ぶ

最近は単にスピーカーとしての機能だけでなく、ディスプレイやカメラ機能を搭載するスマートスピーカーも増えているため、ここも選ぶ際のポイントになるでしょう。話しかけるだけで使えるのがスマートスピーカーの大きな魅力ですが、そこに見やすく、タッチ操作もできる、タブレットのような機能も加わることで、使い方の幅がさらに広がります。

実用的なところでいえば、料理をしながら、クックパッドのようなレシピサイトを検索して、参考にできます。具体的な調理法についての動画を再生しながら、料理することもできるでしょう。ちょっと手が空いたとき、スマートフォンやテレビを使わなくても、音声で動画配信サービスを楽しむこともできます。

また、「アマゾン・エコー・ショー」シリーズならアマゾン・フォト、「グーグル・ネストハブ」シリーズならグーグル・フォトと連携させることも可能です。ディスプレイを使わない時は、デジタルフォトフレームのようにも使え、ペットの写真、子どもの写真を表示するだけで、気持ちは和むのではないでしょうか。

ディスプレイだけでなくカメラを搭載するものは、ビデオ通話も可能になります。実家に、同じAIが利用できるディスプレイ&カメラ付きのスマートスピーカーを用意しておけば、いちいち固定電話、スマートフォンを使わなくても、離れて暮らす家族とビデオ通話ができるのです。

スマートスピーカーで音楽や動画を楽しむ場合、音質もチェックしたいポイントになります。360度スピーカーは、部屋のどこにいても音が聞き取りやすく、指向性スピーカーは一方向に向けて音を出します。店頭で聴き比べるのがいちばんわかりやすいのですが、高音用のツイーター、低音用のウーハーにスピーカーが分かれているほうが、広い幅の音域を再現できます。

他に選ぶ際のポイントをまとめると、「バッテリー」の有無もあります。屋外に持ち出す機会があるなら、バッテリー内蔵モデルがおすすめ。また、キッチンなど水まわりの環境で使うことが多いなら、防水・防滴性能のチェックも必要です。

サイズに関しては、一般的には大きい方が音質は良くなるものの、設置スペースが必要になります。

カラーを選べるものも多いため、設置する場所の広さ、インテリアとの親和性などから、最適のものを選ぶようにします。

●コーヒーメーカーのスマート化で朝が変わる

スマートホーム化によって、テレビの楽しみ方も変わるはずです。インターネットに接続して、スマートフォンやパソコンの感覚で使えるスマートテレビが、主流になっています。

地上波放送、BS、CS放送しか見られなかった従来のテレビではなく、スマートフォンやパソコンで見ていた動画サイト、動画配信サービスなどもテレビで簡単に視聴できます（それぞれのサービスに会員登録し、別途月額費用がかかります）。スマートホーム化と同時にテレビもスマート化すれば、自宅は一歩進んだエンタメ空間になるはずです。

テレビのようなメジャーな家電ではなく、普段は生活を彩るような家電であっても、スマート化することで、さらに進んだ価値をもたらすものもあります。例えばコーヒーメーカー。豆と水は事前にセットしておく必要はあるものの、スマート化した上位機種なら、スマートスピーカーと連携させて、音声操作でコーヒーを淹れたり、毎朝、淹れたてコーヒーの香りとともに目覚めたりできるようになります。

朝、スマートスピーカーに「おはよう」と声をかけると、寝室のカーテンが自動で開き、台所からはコーヒーの香りが漂ってくる。マグカップに淹れたてアツアツのコーヒーを注ぎ、ソファに座ると、スマートスピーカーが今朝のヘッドラインニュースを読み上げてくれる。

今日の天気、予定の確認もスマートスピーカーに話しかければ教えてくれる。帰宅後は、出先から録画予約しておいた動画配信サイトのドラマをテレビで鑑賞。日中、ロボット掃除機に掃除をしておくようにセットしてあるため、リビングを含め室内はきれいに保たれている……。

便利で快適、そしてエンターテイメントの面でも充実した暮らしを、スマートホームで実現してはどうでしょうか。

快適娯楽生活②キーレス＋顔認証で、暮らしがここまで変わる

快適で便利という視点で、ここで強調しておきたいのが玄関ドアです。スマートホーム化することで、玄関のドアは鍵を使わず、スマートフォンのアプリで解錠、施錠等ができると繰り返してきました。鍵だけでなく、インターフォンを含めてスマート化することで、どんな価値が生まれるのかについて、ここで改めてふれておきたいと思います。

スマートドアロック＋スマートインターフォンで実現するのは、「完全キーレス」、つまり「鍵のいらない暮らし」です。

スマートロックに関しては前述しましたが、例えば内側のサムターンにすっぽり被せるタイプの場合、電気が供給できなくなれば、鍵穴に鍵を差し込んで使う必要があり、完全なキーレスではありませんでした。ここで提案するのは、そこから一歩進んだ考え方、仕

組みです。

鍵穴に鍵を差し込み、玄関ドアを開け閉めする。普段、あたり前のようにやっていることですが、もし、鍵が必要なくなったらどうでしょうか。いきなり言われてもピンと来ないかもしれません。実は想像以上に大きな変化が生まれ、「ここにスマートホームの醍醐味がある」とさえ、私は思っているほどです。

当社のスマートマンションには、鍵穴のないスマートドアロックが採用されています。このスマートドアロックには3つの解錠方法があります。

・非接触型カードキーによる解錠
・テンキーによる暗証番号入力による解錠
・指紋認証による解錠

カードキーによる解錠は、ホテルの客室を想像すればわかりやすいでしょう。ドアハンドルなどのセンサーにキーをかざすだけでカチッと解錠されますが、これだけでは鍵がカードに置き換わっただけで、紛失のリスクが残ります。

暗証番号は本人が管理し、定期的に変更するなどしていれば、そう簡単に漏えいはしないはずです。指紋認証は生体認証となるため、漏えいのリスクはほぼなくなります。つまり、3つの解錠方法があることで、本当の意味での「鍵のない生活」が可能になるのです。

●想像以上にメリットの多い「鍵のない生活」

ただ、この段階ではまだ「IoT」とはいえません。IoT化するにはインターネットへの接続が必須だからです。外出先からドアを解錠、施錠するには通信機能で無線LANを導入する必要があります。解錠、施錠のタイミングに決まった時間はないので、理想は常時接続のWi-Fi。

ですが、常時接続のWi-Fiは電力消費が意外に大きく、電池を使った場合、1日平均10回の開け閉めで、実証上1カ月ももちませんでした。期間内に電池交換すれば問題ないとしても、うっかり忘れるなどで、電気が供給できなかった場合にどうするかも考えなくてはいけません。

当社の採用しているドアロックシステム(2022年現在)では玄関の外側のハンドル

鍵を使わずにドアを開錠できるのでこんなに便利に

万が一、スマートドアのバッテリーが切れてしまった場合は、9V電池を使って開錠できる
他にもカードをかざす、暗証番号、指紋認証などで開錠できるタイプのものもある
登録したスマートフォンを持って近づくだけで鍵を開錠できるスマートロックもある

上部の電極に9ボルトの電池（006P型乾電池）を接触させ、応急的に電気を流して解錠することもできますが、別の通信規格を使うのか、給電方法を変えるのか。ここは改良の余地があります。

スマートドアロックは各住戸の玄関ドアに備えられますが、それとセットで使いたいのが、オートロックとなっている集合玄関のスマートインターフォンです。7インチのタッチスクリーンを備えた、アンドロイド（スマートフォンなどの端末に使われる基本ソフトのこと）のインターホンシステムで、解錠方法は顔認証、非接触カードキー、テンキー（暗証番号）、一時解錠用QRコードの4種類。特徴は顔認証システムを採用している点です。

基本的な機能として、各部屋の呼び出し、部屋の中からのオートロック解錠、部屋との内線通話が利用できます。

また、対応しているスマートフォンのアプリを使うことで、来訪者の動画をリアルタイムでスマートフォンに飛ばし、インターフォンとの間で遠隔通話することもできるし、画像のキャプチャも可能です。

では、スマートドアロックとスマートインターフォンで、何が変わるのか。

まず、鍵を持ち歩く必要がなくなるため、鍵を探してバッグの底を漁る必要がありません。玄関に着いたら、暗証番号か指紋認証でカチッと解錠できるのです。鍵を持ち歩かないため、当然、鍵を紛失するリスクもなくなります。

最近のマンションはセキュリティがしっかりしているため、鍵を紛失した場合、解錠してもらうのも面倒だったり、最悪の場合シリンダー部分を壊さないと解錠できない場合もあります。鍵を再発行してもらう場合、手続きを含めて時間がかかります。そのような経験が一度でもあるなら、「鍵が不要」の価値に納得してもらえるはずです。

ＩｏＴ化し、インターネットと接続すれば、外出先からでもドアロックの状態を確認したり、解錠・施錠したりもできます。

朝、家を出て駅まで行ったところで、「鍵を閉めたかどうか」が気になり、いったん帰宅。鍵はかけられていたものの、会社には遅刻してしまった。そんな心配もなくなります。

●外出先からでも宅配便の受け取りが可能に

顔認証機能のついたスマートインターフォンの場合、両手に荷物を持っていても、鍵を使わず解錠・施錠できます。カメラに顔をかざすだけで解錠されるのは、一度使うと、他の方法には戻れなくなるほどの利便性が感じられるはずです。

現在の顔認証技術は成熟しており、マスクをしていても本人と認証してくれます。逆に、誰かがスマートフォンで撮影した顔写真で解錠しようとしても、ＡＩはしっかり識別するためエラーになります。

このスマートインターフォンは、インターネットで居住者のスマートフォンともつながっています。例えば、留守中に友人・知人が訪ねてきた時は、映像を確認し、インターフォンのスピーカー越しに会話することも可能です。もし不審者が疑われる場合は、カメラ映像をキャプチャして保存もできます。

宅配便の受け取りにも効果を発揮します。ものにもよりますが、例えばゴルフバッグなどが届いた時は、インターフォン越しに確認して、アプリの操作でオートロックを解錠、バッグを玄関の前に置いておいてもらう、ということも可能です。

玄関ドア、集合玄関のインターフォンは、一般的なスマートホームのイメージからは遠く感じられるかもしれません。ですが、ＩｏＴ化することで「真のキーレス」が可能になり、さまざまな快適さや利便性が生まれることを、ここで強調しておきたいと思います。

健康管理
自動で開閉するカーテンが、睡眠の質まで改善する

ネットワークでつながることによる利便性が注目されるため、見落としがちですが、実はスマートホーム化することで、より効率の良い健康管理ができるようにもなります。といわれても「?」かもしれないので、具体的な例をあげてみましょう。

真夏のある日、職場で聞いた話です。

施設で暮らしている高齢の父親を訪ねると、部屋の中が異様に暑い。外は30℃を超える猛暑でしたが、それよりも室温は高く、足を踏み入れた瞬間、ジワッと汗が滲んだそうです。40℃くらいあるのではないか。おかしいと思ってエアコンのリモコンを確認すると、冷房ではなく暖房運転していたのです。

気づくのが早かったため大事には至りませんでしたが、もし、その日訪ねていなかった

ら、父親は熱中症で倒れていたかもしれません。真夏、お年寄りが室内にいながら、熱中症で亡くなったというニュースもあるように、歳を取ると、温度変化に鈍感になるようです。本人は自覚していないうちに室温が上がり、気がついた時には動けない状態になってしまうのでしょう。

こうした事態を防ぐためにも、スマートホームは有効です。

エアコンをスマート家電と呼ばれるタイプに買い替える必要はありません。既存のエアコンでも、赤外線リモコンをスマートリモコンに登録することで、スマートフォンのアプリから操作できるようになるからです。

外出先からエアコンを操作できると、これは想像以上に便利です。夏の暑い日、冬の寒い日、帰宅時間に合わせて電源をオンにしておけば、室内は快適に空調されています。また、エアコンをオフにし忘れて外出した場合も、外出先からのアプリ操作で電源を落とすこともできます。

電源のオンオフだけでなく、スマートリモコンに温度センサーや湿度センサーが搭載されていれば、「室温が25℃を超えたらエアコンの電源を自動で入れる」などの設定も可能になります。先ほどの施設の件も、エアコンをスマートリモコンで操作すれば、入所している父親は何もしなくても、その日の気温や湿度に合わせて、常に快適な室温に保ってくれるのです。離れた場所から親の健康管理ができるため、特に、高齢の両親を持つ方が興味を示されることが多いようです。

各種センサーの他に、ＧＰＳ連動、マクロ機能を備えたスマートリモコンだと、さらに機能は拡張されます。位置情報をもとに、家電の自動化を可能にしてくれるのがＧＰＳ連動機能で、自宅に近づいた時点で、家電の電源をオンにするなどの設定ができます。マクロ機能は複数の家電の一括操作を可能にする機能で、ボタン１つに複数の機能を割り当てられるほかに、スケジュール登録も可能。時間や曜日によって自動稼働するや、季節により変わる日の出・日没などの時刻に、照明のオン／オフをするなどの設定もできます。

●体内時計を整えるのに役立つスマートカーテン

健康管理の視点で、もう一つふれておきたいのがスマートカーテンになります。カーテンそのものをスマート化しているわけではなく、カーテンに取り付けるＩｏＴ器機で、スマートフォンのアプリで開閉を操作したり、セットした時間に自動でカーテンを開閉したりできるようになります。

カーテンを開閉する仕組みには、「カーテンロボットタイプ」と「巻き取りモータータイプ」の2つの方式があります。カーテンロボットタイプは、カーテンレールに後付けして使うタイプで、モーターが内蔵された小型機器がレールに沿って動き、カーテンを開け閉めします。

レールにはめるだけなので、設置も簡単。ただ、小さなモーターに強い負荷がかかるため、機種によっては作動音が大きくなることもあります。

もう一つの巻き取りモータータイプは、カーテンを引っ張るのではなく、カーテンランナーを直接動かすタイプ。カーテンレール内にモーターが組み込まれているため、使うにはレールごと交換する必要があります。設置はやや面倒ですが、カーテンロボットタイプに比べ、作動音が小さいというメリットもあります。

現在の主流はどちらかというと、カーテンロボットタイプです。取り付けが簡単なことと、モーターの性能が上がり、作動音も以前より小さくなっているため、こちらが選ばれるようです。

スマートフォンのアプリで開閉できますが、スマートカーテンの使い方で最も多いのは、朝、決まった時間に開けるように設定しておいて、「朝日を感じながら気持ちよく目覚める」です。

●毎朝、朝日を浴びることで良質な睡眠も得られる

朝、日光を浴びることの健康への効果は以前から指摘されています。人間の体は、約24時間を1セットとする体内時計により、生体リズムを調整しています。不規則な生活で体内時計が乱れると、高血圧や糖尿病など生活習慣病を引き起こす危険性が高まるそうです。この体内時計に大きな影響を与えるのが朝日。朝、太陽の光を浴びると体内時計の針が進み、リセットされ、活動状態に導かれます。

また、太陽の光を浴びて体内時計がリセットされると、メラトニンの分泌も止まります。メラトニンは睡眠誘導を行う物質で、目覚めてから14～16時間ほど経過すると体内で分泌され、それが眠気を引き起こします。朝、太陽の光を浴びることで、メラトニンの分泌が止まり、目覚めを促すだけでなく、眠気を感じるまでのサイクルを整えることになり、良質な睡眠にもつながるのです。

また「幸せホルモン」といわれる脳内物質、セロトニンは、朝日を浴びることで分泌量が増え、免疫力を強化するビタミンDも、太陽の光を浴びることで生成が促されます。つまり、朝、太陽の光を浴びると、気持ちよく目覚められるだけでなく、免疫細胞を活性化させ、一日の活力を得ることもできるのです。

スマートカーテンを取り入れることで、健康的な生活が実現する理由は、おわかりいただけたでしょうか。高齢者になると、ベッドや布団から出て、カーテンを開ける動作すら体力的に大変という方もいらっしゃるため、親の寝室やリビングなどに設置して、毎朝、決まった時間にカーテンを開けるような使い方をしている人もいます。

時間短縮・節電
家事、買い物の無駄もなくせるスマートホーム

時短・節電も、スマートホーム化で手に出来る付加価値です。ポイントを分けて紹介すると、まず、毎日の暮らしで無意識のうちに行っているルーティンについて。出かける時は照明やエアコンのスイッチをオフに、帰宅したらオンにする。鍵を閉める、開ける。普段、特に考えることもなく、あたり前にやっていることですが、スマートホーム化で時短が可能です。

スマートフォンのアプリで家電が操作できるようになっても、今までと同じように1つずつ電源をオンオフするのは面倒なもの。スマートスピーカーの音声操作でも、「オッケー・グーグル（あるいはアレクサ）、照明消して」「オッケー・グーグル（アレクサ）、テレビ消して」「オッケー・グーグル（アレクサ）、エアコン消して」とやっているなら、あ

まり便利さは感じられないはずです。

そんな時は、グーグル・アシスタントのアプリ、「ルーティン」のような機能を使って、まとめて操作できます。あるいは、アレクサであれば「マイ定型アクション」にまとめて登録することで同様のことができます。

細かな設定方法は省略しますが、1つの言葉に、「ルーティン」として複数の動作を紐づけることができます。例えば、朝、出かけるときに
「オッケー・グーグル（アレクサ）、行ってきます」

で、部屋の照明、テレビ、エアコンなどのスイッチをまとめてオフに。


夜、仕事から帰って来たら、玄関などスマートスピーカーの置いてある場所で、

「オッケー・グーグル（アレクサ）、ただいま」

これだけで照明、テレビ、エアコンなどのスイッチをまとめてオンにできます。それぞれ別々にスイッチをオン、オフにする動作だけを見れば、ほんの数秒かもしれません。ですが、年単位で見れば、そこそこの時短ができるはずです。

また、スイッチの消し忘れを防ぐことになるため、省エネ効果もあるといえるのではな

いでしょうか。

玄関ドアを開け閉めする動作も、前述したスマートドアロックを使って時短できます。「鍵の開け閉めにそんなに時間はかからないだろう」、そう思うかもしれません。でも、自動車のアイドリングストップと同じで、1回ずつを見れば微々たる効果だとしても、積み上げるとそれなりの数字になるはずです。

当社が扱うスマートドアロックの場合、オートロック機能がついているため、そもそも「自分でロックする」必要はなく、「鍵を閉め忘れる」心配もありません。鍵を持たないため、外出する時や帰宅した時、「あれ、鍵はどこだっけ？」と探す必要もなくなります。


オートロック機能がないタイプでも、インターネットでスマートフォンと接続すると、アプリの操作で解錠、施錠ができますし、「鍵を閉め忘れてないか？」と不安になった時も、外出先から確認できます。どうしても心配で、鍵をかけたかを確認するだけにいったん戻るような無駄を省略できます。ちなみに、鍵の無いスタイルに慣れきってしまうと、鍵のある施設や場所を利用しているとつい鍵を掛け忘れてしまうことがありますので、お気をつけを……。

●出かけている間に、部屋の中はピカピカに

スマートホーム化によって、毎日の家事も時短できるようになります。最もイメージしやすいのはロボット掃除機でしょう。上位機種は専用アプリがあることも、赤外線リモコン操作のロボット掃除機なら、従来の機種でもスマート化可能です。アプリやスマートスピーカーから操作できますが、せっかくなら外出している時間に済ませてしまいたいもの。最近のロボット掃除機は、アプリを使ってスケジュール等の細かな設定も可能になっています。例えば「平日の午後2時に掃除を始める」と、日時を指定することができるし、曜日別にリビング、寝室など、掃除するエリアの指定もできます。

スマートスピーカーと連動させ、「オッケー・グーグル（アレクサ）行ってきます」で外出すると、ロボット掃除機が動き出し、掃除を始めるような設定もできます。家事の中で、掃除の占める割合は想像以上に大きいため、外出している間に済ませられるなら、けっこうな時短になるはずです。

夜、家に帰ってからお風呂を沸かす時間も時短できます。GPSの位置情報と連動する

機能が必要ですが、例えば、最寄り駅に着いた時点で自動的に信号が飛び、お風呂の「お湯はり」スイッチがオンになる。家に到着する頃には準備が終わっていて、そのままお風呂に入れるわけです。

前述した、スマートホーム対応のコーヒーメーカーも時短ツールの一つで、朝の目覚めに合わせて。または、帰宅時間に合わせて、おいしいコーヒーを淹れる設定もできます。

●買い物の時間短縮、そしてフードロス削減にもつながる

スマート化で大きく進化している家電に冷蔵庫があります。インターネットに接続し、スマートフォンやタブレットのアプリと連携することで、いろんな付加価値が生まれているようです。

・アプリから運転状況がわかる
・カメラや重量検知センサーなどで庫内の様子が外から把握できる
・音声アシスタントでレシピ検索できる

主な機能の中で、時短につながるものとしてわかりやすいのは「冷蔵庫の様子が外から把握できる」でしょう。調味料や食材の、何が、どれだけ冷蔵庫の中にあるのか。ほとんどの場合は「たぶんこれとこれ……」など、記憶をたどって買い物しているはずです。でもその結果「買い忘れた！」となったり、「同じものを買ってしまった！」となったりするのではないでしょうか。

スーパーマーケットやコンビニに寄る前、アプリで冷蔵庫の中を確認できれば、買い忘れ、余分買いの心配はなくなるし、買い物かごを持って「どうだったかな？」と考える必要もありません。もちろん、買い忘れたものを買うため、帰宅してからもう一度外出、なんて無駄もなくなります。

スマート冷蔵庫の多くのモデルは、食材や調味料を冷蔵庫に入れる際、賞味期限を登録できるようにもなっています。賞味期限が近い食材から冷蔵庫のディスプレイ、またはアプリの画面で通知してくれるため、メニューを考える際の参考に。時短とは少し違いますが、スマートホーム化によって、家庭でのフードロス削減に貢献することもできるのです。

また、重量センサー付きのスマート冷蔵庫は、特定の品物を登録しておくことで残量を検知し、ネットスーパーなどに自動で注文して自宅に届けるシステムもあります。卵を1

個単位から検知し、ミネラルウォーターや牛乳・お酒など重量物に使用されることもあります。

防犯・セキュリティ スマートホームが我が家のガードマンに

続いては「防犯・セキュリティ」についてです。独身の単身者、ファミリー世帯、また高齢者の一人暮らしを含めて、スマートホーム化することで、便利で快適なだけでなく、安心・安全な暮らしも実現します。

ホームセキュリティは以前からサービスとして提供されていますが、利用している世帯はどれくらいあるのでしょうか。業界トップの企業の、家庭向け・個人向けセキュリティサービス加入数は約150万件。業界2位の企業は約46万件。以下は大きく離れていますが、合計で200万超の世帯が加入していると予想できます。

日本の世帯数は約5200万ですから、単純計算すると、約4パーセントしかホームセキュリティを利用していないことになります。これは、アメリカをはじめとする欧米諸国と比較すると、かなり低い数字です。

なぜ、日本ではホームセキュリティの浸透度が低いのでしょうか。

理由はいくつかあり、まず、他国に比べて治安が良いこと。これは犯罪件数などにも顕著にあらわれていて、治安が良ければ、積極的にセキュリティを導入しようと思わなくても仕方ありません。

他に、賃貸物件では、物件の持ち主や管理会社の承諾なしに配線工事、ホームセキュリティ機器を導入すると、契約違反になってしまう可能性もあること。導入コスト、月額費用の負担から、ホームセキュリティの導入をためらうケースも多いようです。また、日本の場合「ホームセキュリティ＝一部の富裕層のもの」という認識が強いようにも感じます。

こうした理由から、ホームセキュリティの導入は意外に進んでいなかったのですが、スマートホームになると状況は変わります。

面倒な工事等がなくても、ＩｏＴ器機を設置するだけで、離れた場所からのアプリ、室内ならスマートスピーカーで家電を操作するだけでなく、スマートカメラやセンサーなどと連携させ、スマートなホームセキュリティが実現するからです。ポイントは以下の３つ。

・外出先からの施錠、家電等のコントロールができる
・センサーとの連動で侵入等を検知できる
・離れた家族の見守り

それぞれ解説していきましょう。

●外出先からの施錠、家電等のコントロールができる

スマートドアロックのところでふれましたが、オートロック機能があれば、鍵を閉め忘れる心配がありません。ない場合でも、外出先からスマートフォンのアプリで状態を確認して、もし閉め忘れていたら、そのままアプリ操作で施錠できます。

鍵の操作だけでなく、家電等を出先から操作することで、セキュリティを高めることもできます。例えば、出張や旅行などで数日間、家を空ける場合。日本の治安が良いといっても、空き巣等の被害に遭う確率がゼロではありません。

そんな時、スマートホームなら「在宅感」を演出できます。

朝、決まった時間にスマートカーテンを開け、夜、いつもと同じ時間に閉める。カーテンが定期的に開閉しているだけでも、外から見れば「在宅している」となり、防犯効果が得られるはずです。照明も同じで、夜、遠隔操作で照明の電源をオンにするだけで効果があります。

毎日、決まった時間に開け閉め、オン／オフできるようにあらかじめ設定しておくこともできますが、あえて、時間を揃えないほうがリアルという見方もできます。平日は決まった時間にセットしておいて、週末はちょっと遅い時間まで照明がついているようにする。

生活感を演出するため、ロボット掃除機を動かしたり、テレビをつけたり、音楽を流したりもできます。

こうした操作が出張先、旅行先からも可能になるというだけで、スマートホームの防犯・セキュリティ効果は実感できるはずです。

●センサーとの連動で侵入等を検知できる

センサーとＩｏＴデバイスを連動させると、防犯・セキュリティの幅はさらに広がります。以前から、玄関や車庫の前に人が近づくと、パッと点灯する照明がありますが、あれは人感センサーと照明を連動させ、人を検知→照明オンという仕組みで、一種の警告の役割を持たせたもの。スマートホームなら、そうした仕組みをさらに進化させられます。

例えば、ネットワークカメラの多くは人感センサーを備えており、人を感知すると照明がオンになるだけでなく、カメラも起動して録画を開始。その様子は、スマートフォンのアプリに通知されるため、離れた場所にいても確認できます。侵入するような様子なら、そのまま警察に通報してもいいでしょう。

玄関ドアや窓に開閉センサーをつけるという手もあります。外出中、玄関や窓からの侵入を検知したらアプリで通知してくれるため、一人暮らしの女性などは安心できるのではないでしょうか。

警備会社のサービスにもこうした内容は含まれますが、費用はそれなり。でも、市販の開閉センサーはそれほど高価ではなく、設置するのも簡単です。人は派遣されませんが、侵入通知などは気づきになりますし、費用面では設置費用と通信の費用のみで使用可能です。

●離れた家族やペットの見守り

1章で「高齢者にこそスマートホームが必要」と記しましたが、それは防犯・セキュリティ面からも強調しておきたいポイントです。

老いは誰もが迎えるものですが、子どもと離れて暮らす高齢者、特に一人で生活している場合、日常的にいろんなリスクにさらされていると思います。加齢とともに身体の自由はきかなくなり、判断力や認知力も衰え、物忘れが激しくなります。急な病気で倒れたりしたら、すぐに発見されないと命にかかわるでしょうし、そもそも高齢者宅は犯罪者に狙われやすいといわれています。

電話、LINEなどで、できるだけ頻繁に連絡を取るようにしている。そんな方も多いでしょうが、問題は「どんな様子なのか」がわからないこと。子どもに心配をかけないように、ちょっと具合が悪くても無理をする親も多いし、そもそも電話やLINEに反応がない場合、「何が起こっているのか」がわかりません。

スマートホーム化すれば、離れた場所に暮らしている親の様子を見守ることができます。

ネットワークカメラを室内に設置して、スマートフォンのアプリで確認。リビング、キッチン、寝室など、親が長い時間を過ごす場所に複数設置すれば、離れた場所からでも、生活の様子を把握できます。

もし、室内で倒れている様子が確認できたら、近くに住む親せき、高齢者施設のほうに連絡して、救急対応してもらうことも可能になります。

一方で、カメラで見られることに抵抗感がある場合は、前述したドアの開閉センサーだけでも効果はあります。設置するのは、トイレや浴室、冷蔵庫など、1日のうちで何回か、必ず使う場所。

ドアを開閉するたびに、アプリに通知が来るようにしておけば、「特に問題なく生活できている」と判断できます。逆に、何時間もトイレの開閉が行われていない場合、緊急事態が起きているのでは、と考えることもできます。

体が思うように動かなくなる高齢者にとって、家電等の操作を自動化できるスマートホームは、使ってはじめて効果を実感できるもの。遠方で暮らす高齢な両親を持つ家族にとって、スマートホームによって手軽にセキュリティ、見守りという安心安全を手に入れることができるようになります。

●室内も室外も。用途が広がるネットワークカメラ

防犯・セキュリティ、そして見守りの視点からスマートホームを語る場合、欠かせないのがネットワークカメラです。特徴を整理すると、インターネットに接続することで、離れた場所からでも、リアルタイムにカメラ映像を確認できること。ＳＤカードなどに録画できるタイプなら、後で映像を確認できます。

スピーカーを内蔵しているタイプなら、ネットワークカメラを通してのコミュニケーションが可能です。

利用するにはインターネットとの接続が条件で、方法は有線でも無線でもかまいません。室内でスマートホーム機器として使用する場合、Ｗｉ-Ｆｉなどで無線接続することが多くなるでしょう。

戸建てで屋外に設置する場合、有線ＬＡＮが使えず、室内の無線の電波も届かないケースもあります。そんな場合は、月額費用が発生してしまいますが、携帯キャリアの通信を利用するタイプも選べます。

使用シーンはさまざま。室内に設置する場合、家事をしながら、寝室の赤ちゃんの様子を確認する。遠く離れて暮らしている親の様子を見守る。外出先からペットの様子を確認するなど、見守り用途に使うことが多いようです。

設置するのはリビングが一般的で、寝室やキッチンなどもあります。選ぶ際は、レンズ部分が可動式で撮影範囲が広く、暗所でも解像度の高い撮影ができるものがいいでしょう。

屋外に設置する場合、防犯カメラとしての性格が強くなります。

設置場所としては玄関、一階の窓の近く、ガレージなど。常時録画や、動体検知機能があれば、カメラの撮影範囲内の動きを検知して撮影を開始し、スマートフォンのアプリに通知が届きます。

●失敗しないネットワークカメラ選びのポイント

選ぶポイントを整理すると、自分のスマートフォンのOSの種類、バージョンに対応しているかも確認します。また、場所によっては設置できないサイズ、スタンドの据え付けが難しい場合もあるので、ここも要チェックです。

性能・機能に関しては、画質と記録可能期間の確認、画角の広さを基本にして、後は設置目的にあわせて使える機能の有無を確認します（１０２ページ表参照）。

・動体検知機能
・マイク、スピーカーの有無
・解像度の切り替え機能
・録画、録音機能

録画、録音に関しては、データの保存先（ＳＤカード、クラウドなど）も確認するようにします。ＳＤカードのみだと、外からすぐにチェックできないため、クラウド上に保存できるほうが使い勝手はいいでしょう。

記録方式別の防犯カメラ比較表

	レコーダー型	クラウド型	SD カード型
録画保存方法	レコーダー内蔵ハードディスク	インターネット上の保存場所（クラウドサーバー）	カメラ内蔵 SD カード内
録画映像確認方法	レコーダー設置場所にて操作が必要	インターネット経由の PC または　専用アプリ	カメラ設置場所にて SD カード抜き取り　または　専用アプリ　※ SD カード抜き取り時は PC 等にて映像確認要
カメラへ接続ケーブルの種類	同軸ケーブル　または LAN ケーブル	LAN ケーブル	-
電源供給方法	同軸ケーブル（ワンケーブル、PoC）	LAN ケーブル（PoE）　または　100V 電源　または　バッテリー充電式　または　ソーラー充電式	100V 電源　または　バッテリー充電式　または　ソーラー充電式
インターネット回線要否	不要	要	要
外部へ映像伝送方法（通信機能の有無）	無し、現地で確認が基本	LAN ケーブル　または Wi-Fi など無線通信　または SIM カードを使用しインターネットへ接続必須 ※ SIM カード使用の場合、SIM カード対応型に限る	WiFi などの無線または SIM カードにてインターネットへ接続必須。 SD カード抜き取り確認式は外部伝送機能無し ※ SIM カード使用の場合、SIM カード対応型に限る
遠隔操作による画角調整	×	○ ※対応機種のみ	○ ※対応機種のみ
映像保存期間	最大 2 年 ※内臓ハードディスクの記憶容量による	1 週間～ 1 ヶ月など、録画画質と期間などから選択設定型	SD カードの容量と録画画質により期間が変わる。 ※128GB で最大約 1 ヶ月程度
費用目安 ※販売店によって異なる	導入費用 18 万円～ 40 万円（目安：防犯カメラ 1 台～ 4 台）	月額費用 1,000 円～ 5,000 円	導入費用 ※ SIM カードの際は SIM カードの月額費用が別途発生 3,000 円～ 10 万円 高所へ設置などにより業者へ依頼が必要になる場合有り
メリット	100m 以上の長距離配線が可能 映像遅延が少ない 安定した記録	遠隔監視が可能 機器故障でもデータが残る 現地へ訪問しなくても映像確認できる 双方向通話機能を有する物がある 導入費用がかからない場合もある（サブスク利用など）	遠隔監視が可能 アラートメール通知機能 双方向通話機能を有する物がある 個人でも取り付けられる製品が多く安価に手に入る コストを抑えられる
デメリット	設置場所で映像確認する必要がある レコーダー盗難による映像漏洩リスクもある 拡張性が少ない（機種により制限あり）	通信環境・状態によって映像遅延がある 月々のランニングコストがかかる	通信環境によって映像遅延がある SD カード盗難による映像漏洩りすくもある 保存期間が短い　SD カードが故障するリスクがある

コミュニケーション 離れていてもつながれる、スマートな親孝行

続いてのテーマは「コミュニケーション」。インターネット環境が進化し続ける現代では、自宅はもちろん、離れた場所にいてもデバイスがつながるスマートホームは、人と人とがつながりやすくしてくれるのです。

主な利用シーンは、離れて暮らす親や子どもとのコミュニケーションになります。スマートフォンの普及率は高まり、NTTドコモ・モバイル社会研究所による調査では、60代のスマートフォン所有率は約90パーセント。70代でも約70パーセントとなっており、高齢者にも着実に浸透しているのがわかります。親との連絡に、LINEなどを使っている人も多いはずです。

確かに便利。でも、中には「操作が面倒くさい」という人や、アプリの操作方法やエ

ラーが発生した時に、どのように対応したらいいのかわからず苦労してしまう人もいるはずです。もっと簡単に、手軽に、つながれるものはないのか。注目していただきたいのが、スマートスピーカーの通話機能です。

音楽の再生、家電の操作だけでなく、音声アシスタントが搭載されているスマートスピーカーなら通話も可能になります。ディスプレイ付きのモデルなら、相手の顔を見ながらのビデオ通話も簡単にできるのです。

メリットは、音声での操作になるため、お年寄りでも小さな子どもでも、直感的に使えること。離れて暮らすおじいちゃん、おばあちゃんに、孫の成長した姿を見せたい。子どもが学校から帰宅しているかを確認したいなど、いろんな使い方ができます。通話する相手はあらかじめ設定した人に限られるので、子どもやお年寄りが、間違えて知らない人に電話をかけてしまう心配もありません。

スマートスピーカーは、音声だけで通話できるタイプと、ディスプレイを搭載するタイプがあります。コミュニケーションという観点からすると、選びたいのはディスプレイを搭載するタイプでしょう。インカメラ付きで、こちらとあちら、双方の顔を見ながら通話ができるため、お年寄りにはとてもよろこばれます。

ハンズフリーで話せるため、例えば料理中、実家の母親に「ここはどうするんだっけ」など、その場でアドバイスをもらうこともできます。孫が描いたおじいちゃん、おばあちゃんの絵を見せたりするときも、ディスプレイがあれば便利です。

最近の若い世代は、ゲームをしながらLINEの無料通話をつなぎっ放しにしていると も聞きます。ずっと話しているわけではなく、「つながっていること」で安心感が得られるのでしょう。

もし、離れて暮らす親が心細くなっているなら、スマートスピーカーをつないだまま、双方で同じテレビ番組を見る、という使い方もあります。その場合はカメラをオフに。特別な話をしなくても、つながって世間話をしているだけで、リビングで一緒にいるような感覚になれるかもしれません。

●子ども、孫たちとのグループ通話も簡単にできる

種類ですが、Googleアシスタント、Alexa、Siriなど、音声通話も可能な音声アシスタント内蔵のスマートスピーカーなら問題ありません。一つ注意したいのは、スマートス

ピーカーから電話をかけるには、連絡先との同期が必要になり、方法はそれぞれ異なること。

AlexaとSiriはスマートフォンのアプリ、GoogleアシスタントはGoogle Duoとの同期が必要となり、実家に設置する場合は初期設定をすべて済ませてからにしましょう。そうしないと、いつになっても通話はできないままです。

準備といってもそれほど難しいものではなく、Alexaの場合なら、アプリで相手の電話番号を「連絡先」に登録するだけ。そこから先は「アレクサ　○○に連絡して」と話しかけるだけで通話が可能になります。

以前のビデオ通話は一対一でしたが、最近はグループ間での通話も可能になっています。自分と実家の両親、さらに兄弟、親戚などを加え、あらかじめグループとして登録しておけば、「アレクサ○○○（グループ名）に連絡して」だけで、登録したみんなが顔を合わせられるのです。スマートホームによって、コミュニケーションの幅が広がることの一例ではないでしょうか。

一歩進んだ機能として「自動追尾機能」もあります。これは、ビデオ通話中、ディスプレイとカメラ、スピーカーが、呼びかけた人のほうを向いてくれる機能。フレーム内に収まろうとしてじっとしていなくても、追尾してくれるので、より気楽に通話できるようになります。特に、小さな子どもはじっとしていることが苦手ですから、追尾機能があれば「ちゃんと顔を見せなさい」となるシーンも減るはずです。

●話しかけるだけで、今日の予定を教えてくれる

コミュニケーションの例として、スマートスピーカーの通話機能に注目してきましたが、ベーシック機能のリマインダーにもふれておきましょう。高齢になると、つい薬を飲み忘れたり、通院する曜日を間違えてしまったりということも増えてくるという話をよく聞きます。「今日の予定は？」と話しかけるだけで、薬を飲む時間、通院する時間などを音声で知らせてくれます。

スケジュールの管理は子どものほうで行い、データを同期して、実家のスマートスピーカーから使えるようにすれば、親に余分な負担をかけることもありません。

若い人たちは、ゲームをしながらＬＩＮＥ通話をつなぎっ放しにしていると記しましたが、その延長線上にもスマートホームがあるのかもしれません。オンラインゲームを楽し

む上で、高速で安定した通信環境は絶対条件です。それは、スマートホームを実現する上での条件と重なります。つまり、スマートホーム化すれば、オンラインゲームと、ゲーム仲間同士のコミュニケーションをスムーズに行う環境も整うことになり、スマートホーム普及のブレイクスルーになるかもしれません。

スマートスピーカーが日本に上陸してから10年近く経ちますが、最近はラインナップも、使われ方も広がっています。特に、ディスプレイ付きのスマートスピーカーは、音声はもちろん、タッチ操作でも使えるため、状況に合わせて使いやすい方法を選べるところが高ポイント。

今後、コミュニケーションツールとして、世代を問わずに普及していくのではないでしょうか。それと比例するように、スマートホームの導入数も増えていくと予想しています。

リモートワーク　スマートホームで加速する働き方改革

コロナ禍で、さまざまな会社がリモートワークの導入を進めました。最初の頃は「コミュニケーションの面で仕事に支障が出る」「勤怠管理ができなくなり、生産性が落ちる」といった不安も指摘されていました。現在では「通勤のストレスから解放されて朝から集中できる」「仕事の効率が上がった気がする」「家族と過ごす時間が増え、ワークライフバランスがとれるようになった」など、前向きにとらえることが多いようです。

リモートワークが普及すれば、都市部の、交通の便のいいところにオフィスを維持する必要もなくなります。実際大手も、ベンチャー企業やスタートアップ企業も、オフィスを縮小したり、移転したりする動きが見られます。この傾向は、これからも続くのではないでしょうか。

リモートワークには大きく3つの種類があります。

・在宅勤務型

自宅で仕事をするスタイルで、自宅へ設置したインターネット回線、会社側で準備したパソコンを使用することが多いようです。通勤のストレスから解放されるところが、支持される大きな理由です。

・移動勤務型

場所にとらわれず、インターネットにつながる環境ならどこでも仕事をするスタイルで、業種では営業に多く見られるようです。

・施設利用勤務型

コワーキングスペースをはじめ、リモートワーク用のスペースで仕事をするスタイル。マンガ喫茶、カラオケルームでも、最近はリモートワーク用の個室を用意するところが増えています。自宅からの移動はありますが、オフィスへの通勤と比較すればストレスを低減できるでしょう。

また、リモートワークに欠かせないアイテムとしてビデオ会議、ビデオチャットツールがあります。コロナ禍以降、種類は一気に増えましたが、代表的なものをあげると、Zoom

（ズーム）、Skype（スカイプ）、Google Meet（グーグル・ミート）、Microsoft Teams（マイクロソフト・チームス）、Cisco Webex Meetings（シスコ・ウェブエックス・ミーティングス）、Slack（スラック）などです。

●スマートスピーカーでビデオ会議の効率をアップ

Zoom（ズーム）

アカウントを登録しなくても、ホストがアプリをインストールしておけば、参加者はURLをクリックするだけで参加可能。無料版には時間制限がありますが、有料版は3つのプランがあり、時間制限もなくなります。

Skype（スカイプ）

アカウント登録不要、時間制限もなし。有料版はビジネスパーソン向け、法人向けがあり、登録すると固有の番号が支給。海外とのやりとりでは、固定電話や通常の携帯電話を使うよりも割安です。

Google Meet（グーグル・ミート）

利用にはグーグルアカウントが必要で、以前は有料のみでしたが、今は無料版も解放されています。メールやカレンダーなど、グーグルの機能と連携し、会議や資料の作成が簡単にできます。

Microsoft　Teams（マイクロソフト・チームス）

ウィンドウズのパソコンを使っている人ならおなじみのマイクロソフト社が提供するビデオ通話サービス。同社のワードやエクセル、パワーポイントなどのソフトとの連携が取りやすく、セキュリティの高さも特徴の一つ。

Cisco Webex Meetings（シスコ・ウェブエックス・ミーティングス）

ビジネスに特化したサービスで、聞き取りやすい音声が特徴の1つ。無料版でも通信内容は暗号化されるなど、セキュリティ機能が備わります。ドキュメントの共有、録画機能、アンケートといった機能も利用可能。

Slack（スラック）

無料版では1対1のビデオ通話が可能。有料版にはスタンダードとプラスがあり、最大15人でのビデオ通話ができます。ビデオ通話アプリとしての機能は多くありませんが、テキストでの情報交換を重視するなら使い勝手は良いとされています。

ビジネスで使う場合、顔を確認しながら使えるものが選ばれますが、こうしたツールをつなぎながら、他の作業も同時に行おうとすると、デバイスに負荷がかかってしまいがちです。そこで利用したいのがディスプレイ付きのスマートスピーカー。パソコンでファイルを開きながら、スマートスピーカーでミーティングすれば、よりスマートなリモートワークが実現します。

前述した3つのスタイルのうち、移動しながらのモバイルワーク、コワーキングスペース等での作業にはスマートスピーカーを使いづらいため、今後、定着していくのが在宅勤務型のリモートワークではないでしょうか。住宅がスマートホーム化していれば、より快適な環境で仕事ができるようになります。

自宅での作業ですから、コワーキングスペース、またはカフェなどで仕事をするよりも静かな環境になります。ネットワークをきちんと構築していれば、「ビデオ会議の途中で映像が固まった」などの心配もいらないでしょう。

音楽を流したければ、スマートスピーカーに声をかけるだけでいいし、室温の調整、照明の照度の調整も、自分にとって最も快適になるよう、アプリやスマートスピーカーから簡単にコントロールできます。

●スマートホームがビデオ会議を進化させる舞台に

スマートホームを最新のワークスペースとして利用するために、注意したいポイントはセキュリティです。会社側からすると、リモートワークで最も怖いのが情報の流出。出先でパスワードなしのフリーWi-Fiにつながれ、重要なメールの内容を盗まれてしまう。または、カフェやコワーキングスペースにパソコンを忘れてしまい、顧客情報を抜かれてしまう。スマートホーム化した自宅での作業なら、こうしたリスクはグッと低く抑えられます。

逆にいうと、ネットワークにつなぐ際のパスワードの管理は、各自が徹底して行う必要があります。デバイスやサービスにプリセットされているパスワードをそのまま使わず、自分で設定する。定期的に変更する。パスワードの管理さえしっかりしていれば、リスクはかなり抑えられるはずです。

現在のリモート会議は「既知のメンバーとのコミュニケーションには問題ないが、新たな出会いの創出や、人間関係を深めるという点では課題がある」と、指摘されることもあります。

確かに、現在のサービスにはビデオのオン／オフやミュート（消音）の選択肢はありません。しかし発言しない人は顔や静止画が表示されるだけでどんな人物なのかを知る手がかりがありません。

こうした問題を解決し、リアルに近いコミュニケーションを可能にするテクノロジーとして、将来的にはＶＲ（仮想現実）、ＡＲ（拡張現実）が使われていくはずです。となると、より多くの情報、データをやりとりする必要が生まれるため、パソコンの高性能化と、自宅のネットワーク環境も進化させなくてはいけません。

セキュリティの強化、ネットワークの進化。今後、自宅で快適かつ生産性の高いリモートワークを実現するには、この2点がポイントになるでしょう。

第3章

住んでよし・管理してよし・売ってよし・持ってよしのスマートホーム

前章までは「暮らす人目線」でスマートホームの概要、魅力についてまとめてきましたが、この章では少し視点を変えてみたいと思います。
章のタイトルに「住んでよし・管理してよし・持ってよし・売ってよし」とあるように、物件のオーナー目線、管理者目線、そして投資家の目線から見た場合のスマートホームについて紹介していきましょう。

オーナー（大家さん）編
投資ビジネスとしても可能性は大

不動産の価値を高めるという面からも、スマートホームは注目されており、いくつものビジネスチャンスが潜んでいるはずです。

まず、アパート、マンションのオーナー（大家さん）目線でのスマートホームの価値について。賃貸物件の収益は家賃収入がほとんどですが、高く、安定した家賃収入を得るには、入居率を高めなければいけません。

アパート、マンションの入居率に大きく影響するのが立地です。同じような築年数、設備のマンションでも、駅から近ければ家賃は高く設定できるし、入居率も高く維持できるはずです。駅から遠いと、家賃は下げなくてはいけないし、それでも入居率が上がらなければさらに賃下げして……という負のスパイラルに陥りがちです。

立地の他に、少し前ならオートロックの集合玄関、高速インターネット環境、ケーブルテレビ視聴可能などが差別化ポイントになっていましたが、今はどれも珍しいわけではなく、決定打にはならないでしょう。

そこでスマートホームです。今はまだ黎明期とも呼べる状況で、スマートホーム物件というだけで目を引きます。それに、コロナ禍以降、社会全体で価値観の転換、働き方の再定義が進んだことで、スマートホームの魅力が伝わりやすくなっているとも感じています。

・テレワークの浸透
・週休3日制のスタート
・副業の推奨（自宅でネット起業なども）
・多拠点生活（ワーケーションなど）
・メディアの多様化（個人からの発信が容易に）

こうした変化によって、生活の場であった住宅に仕事、または創造活動の場としての機能が求められるようになっています。つまり「効率性」「高速性」「同時性」「簡易性」「確実性」などの価値をプラスしてくれるスマートホームは、新しいライフスタイルの場にぴったりはまるのです。

●スマートロックで鍵の管理、交換から解放される

実際、スマートホーム化によってアパート、マンションの入居率は高まる傾向がありますし、当社がスマートホーム化を実施した新築賃貸マンションも、入居者を募集したところ、時間がかからずに満室になりました。駅から少し離れたところでも、スマートホーム化されたマンションは人気なようです。

今は首都圏が中心ですが、大阪、名古屋、福岡などの大都市圏でも、これからスマートホーム・マンションの需要が高まっていくはずです。明確な差別化ポイントがあるため、地域の相場よりもやや高めの家賃を設定できるでしょうし、それで高い入居率を実現できるなら、オーナーとしては言うことなし、ではないでしょうか。

オーナー目線で、スマートホーム・マンションのわかりやすいメリットをあげると、スマートドアロックがあります。

「鍵のない生活」がスマートホームで暮らす醍醐味だと前述しましたが、鍵がなくなるこ

とは、オーナーにとっても大きなプラスになります。鍵がなければ、オーナーのほうで保管する必要はありません。また、入居者が変わるたびに鍵自体を交換する必要もありません。

あるオーナーから聞いた話ですが、女性の入居者から「付き合っていた彼氏と別れてしまい、心配だから鍵を交換してほしい」と言われたことがあるそうです。

確かに、鍵が複数存在し、そのうちの1つを彼氏に渡していた場合、返してもらったとしても、合鍵をつくられている可能性もなくはありません。それが原因で万が一トラブルや事件に発展するようなことがあれば、物件の価値は下がってしまうでしょう。

でも、そのオーナーのマンションはスマートドアロックを採用していたため、「暗証番号を変えれば心配ありませんよ」と告げると、女性も納得したそうです。もし、鍵を交換するとなったらそれなりの出費ですから、スマートホームのわかりやすいメリットといえると思います。

●インカムゲインか、キャピタルゲインか

通信環境を整え、スマートリモコンなどのデバイスも用意するスマートマンションは、

普通の賃貸物件よりも補修、修理にコストがかかるのではないか。そんな心配をする方もいるようです。

デバイス等の不具合にその都度対応していたら、コストはかかるかもしれません。そこは考えようで、ただ「スマートホームが出来ました」で、その後の保守等は「そちらでお願いします」という業者を選ばないようにしたほうがいいと思います。

通信環境を整備して、デバイスを用意するのはもちろん、そこから先の保守に関する部分も、パッケージとして請け負うところを選んだほうがいいでしょう。スマート機器（デバイス）に関わる部分のことは、管理会社や建設会社にはわからないことも多く、スマートリモコン、スマートドアロックなどのデバイスの修理も、専門知識が必要な場合もあるため、保守をサービスとして提供してくれるところを選ぶ。そうすれば、修理等で大きなコストがかかるリスクも低減できるはずです。

ここから少しお金の話をしようと思います。ちょっと細かなところもありますが、アパート・マンション経営、または不動産投資に興味があるなら、知っておいて損はないでしょう。

マンションのオーナーは、大きく2つのタイプに分けられ、同じように家賃収入を受け取っていても、使い道や金額には大きな差が出ます。また、スマートホームに興味を示す度合いも、おもしろいほど異なります。まず、2つのタイプについてふれておきましょう。

1つは「インカムゲイン（家賃収入）」を主とするオーナー

1つは「キャピタルゲイン（売却益）」を狙うオーナー

2つのうち、スマートホームに対してアンテナがピピッと反応するのは、圧倒的に後者の「キャピタルゲイン」を狙うオーナーになります。その理由を理解するには、リアルな家賃収入について知ってもらう必要があるでしょう。

●家賃収入だけに頼ると思い切った冒険は難しい

不動産の家賃収入は「不労所得」ともいわれ、うらやましいと思う人も多いでしょう。ですが、実際のところ、家賃収入から支払うものがかなり多く存在します。

・仲介を行う不動産業者への支払い

・清掃や管理などを行なう管理会社への支払い
・火災保険などの保険料
・金融機関への返済（物件取得時の借入金があれば）

こうした支払いを済ませると、手元には家賃収入総額からほんのわずかしか残らないといわれています。例えば仮に、1億円の物件を取得する際、2000万円を頭金として支払い、残りの8000万円を銀行から借りたとします。全6部屋で、満室の場合、6パーセントの利回りがあると、1年間の家賃収入は600万円です。

ここから先ほどの支払いを行うわけですが、例をあげるとこうなります。

・不動産業者への支払い「30万円」（家賃収入の5パーセント）
・管理会社への支払い「120万円」（家賃収入の20パーセント）
・火災保険などの保険料「30万円」（家賃収入の5パーセント）
・金融機関への返済「330万円」（家賃収入の55パーセントを充当）

すると、手元に残るのが「90万円」。ここから、修繕や補修のための資金をプールしなければいけないし、そもそも空き室があれば収入は減ってしまうのです。スマートホーム化の初期費用が1部屋25万円だとすると、6部屋で150万円。オーナーの手取りだった90万円を超えてしまいます。

これは初期費用であり、スマートホーム化によって家賃と集客力の上昇が見込めるとしても、目先のデメリットのほうが強く印象に残るため、なかなかメリットに目が向かなくても仕方ありません。

では、キャピタルゲインに注目すると、見方はどう変わるのでしょうか。

同じく、1億円の物件を取得したとします（全6部屋、頭金2000万円で8000万円を借入）。利回りが6パーセントだとすると、年間の家賃収入は600万円になります。キャピタルゲインの場合、売却を念頭に置いていますから、ここで重要になるのが不動産価格です。

●スマートホームという価値を持たせれば売却益に期待できる

ここで用いられるのが「キャップレート（還元利回り）」という数値。詳細は省きますが、不動産の世界では、この数値を使って不動産価格を算出しており、無理のない数字としてキャップレート「4・5パーセント」に仮定します。すると、

利回り600万円／年÷4・5％≒1億3333万円。

不動産価格はこう算定されます。最初の取得額は1億円だったので、

1億3333万円－1億円＝3333万円。

これがキャピタルゲイン（売却益）です。

スマートホーム化の費用が1部屋25万円だとすると、6部屋で150万円。重要なのは、スマートホーム化で家賃上昇が見込めることで、仮に上昇率が1・03パーセントだとすると、「618万円」になります。先ほどのキャップレートで計算をし直すと、

利回り618万円／年÷4・5％≒1億3733万円。

キャピタルゲインは、1億円を引いた「3733万円」に増えます。インカムゲインを中心にすると、残った家賃収入とスマートホーム化の初期費用を比べるため、どうしてもデメリットに目が向きがちですが、キャピタルゲインの場合、売却益と初期費用を比べるため、メリットのほうが大きく響くのでしょう。結果的に、キャピタルゲイン派のオーナーのほうが、スマートホームには強い関心を示します。

コロナ禍が不動産に与える影響は大きく、現状では年間の利回り6パーセントは厳しくなっているかもしれません。それでも、東京のキャップレート4・5パーセントは、海外の都市に比べると有利で、大手のデベロッパーは、3億円で利回り6パーセントの物件を、キャップレート4・5パーセントにあてはめて4億円で売却し、1億円の売却益を得るというモデルを確立しています。

インカムゲインとキャピタルゲイン。どちらにしろ、入居率の高い物

インカムゲインの支払いの内訳

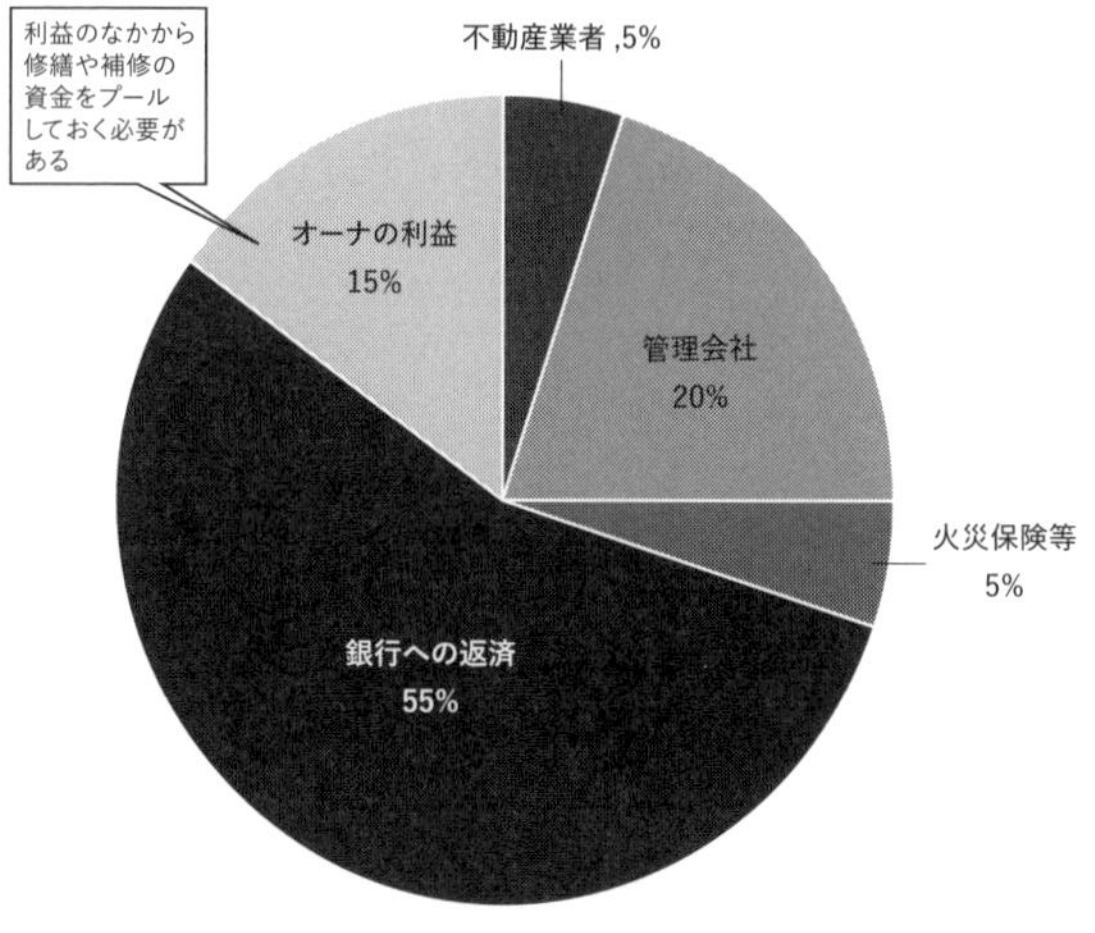

件であることが収益を上げる前提条件ですが、その点、スマートホームは多くの訴求ポイントがあります。入居者が便利に快適に暮らせるだけでなく、セキュリティも高められるため、必然的に「良い属性の入居者」が多くなり、退去後も、次の入居者が決まるまでに時間はかからないでしょう。オーナーにとって、実に多くのメリットがあることをここで改めて強調しておきたいと思います。

今のところ、スマートホーム化する物件は、都市部の単身者向けが多くなっています。東京などで、限られた土地を有効活用するには、それが効率的なのは確かですが、今後は郊外、ファミリー向けの物件も増えるのではないでしょうか。

管理会社編
売上にもつながる営業、管理のスマート化

続いて、マンションオーナーのビジネスパートナーともなる、2つの事業者の目線でスマートホームの価値を見ていきましょう。2つの事業者とは、

PM（プロパティマネジメント）入居希望者に部屋の斡旋や仲介を行う不動産業者

BM（ビルマネジメント）清掃や管理を行う管理会社

仲介、管理をそれぞれ専門に行うところがあれば、まとめて請け負うところもあります。どちらも、入居者があってはじめてマネタイズできるビジネスです。

仲介の場合、「家賃の1カ月分」などの手数料収入。管理の場合、一部屋のあたり決められた管理費が収入になります。ということは、入居者がすぐに決まるか。どれだけ、空き部屋がない状態を維持できるかが重要なポイントです。

スマートホーム・マンションはまだ数が少なく、希少性が高いため、集客には有利になります。空き部屋が出ても、次の入居者が決まるまでに時間がかからないため、ここは大きなメリットでしょう。

また、前述したように、現状では単身者向けの物件が多く、ファミリー物件より単価は低いものの、入れ替わりのサイクルが早い。進学、就職などのライフサイクルに合わせて、どう空き室状況が変わるかを予想しやすい、というところもメリットかもしれません。

スマートドアロックの採用で実現する「鍵のない生活」は、事業者目線では「鍵のない営業」となり、ここも注目していただきたいポイントです。アパートやマンションを内見するとき、こんな経験をしたことはないでしょうか。

ある不動産屋を訪ね、気になる物件があったので内見を申し込んだとします。そこで問題になるのが鍵。訪ねた不動産屋に、その物件の鍵があればいいのですが、他の不動産屋が管理している場合、鍵の受け渡し作業が発生します。

現地で待ち合わせたり、郵便受けの中に入れてもらったり。やり方はさまざまですが、受け渡しがスムーズにいかないと、内見するお客さんも、案内する不動産屋も、無駄な時間を過ごす羽目になってしまいます。

スマートドアロックの物件なら、その心配はいりません。設定された暗証番号を教えてもらうだけで、スムーズにお客さんを案内できるからです。

スマートフォンのアプリで家電や設備をコントロールできるため、内見の時間に合わせて、室内を快適な状態に整えておくことも可能です。真夏、エアコンのきいていない部屋に入ると、ムッとした熱気で汗が吹き出すかもしれません。梅雨の時期ならジメジメした湿気が室内に充満しているかもしれない。真冬なら、寒くて凍えながらの内見になるかもしれません。

せっかく内見してもらうのに、これでは良い印象を持たれなくても仕方ないのではないでしょうか。スマートホームなら、そんな心配はいりません。

●夏も冬も、いつも快適な室内にお客さんを案内できる

真夏は、スマートフォンのアプリを使い、約束の時間に最適の室温になっているように、エアコンが動くように設定できます。梅雨の時期なら、空気清浄機で室内の湿気を抑えたり、真冬なら、床暖房のスイッチを入れておいて、ポカポカの足元で内見したりしてもら

うのも簡単です。

部屋を冷やすのも、あたためるのも、当日、現地に着いてからでは遅すぎます。スマートホームなら、事前に遠隔操作でタイマー予約することができるため、いつでも快適な室内に案内できるわけです。

また、案内したその場で、スマートな暮らしの実演もできます。スマートフォンのアプリで、エアコンや照明を操作したり、テレビをつけたり。ただスイッチをオン／オフするだけでなく、細かな設定もできるところを見せれば、興味を示す人はきっといるはずです。スマートスピーカーを用意しておけば、アプリではなく音声で操作できるところも体感してもらえるでしょう。

一般的な家電だけでなく、スマートカーテンを自由に開け閉めしたり、スケジュールを決めて、毎日決まった時間に開け閉めしたり。お風呂の給湯も自動でできたりするところは、実際に目にしていただくとその便利さを実感していただけるのではないでしょうか。

鍵がないということは、合い鍵の管理も不要になります。少ない数ならまだしも、多くの物件を管理している場合、管理会社のほうで万が一の事態の際に使用する合い鍵も相当な数になります。それぞれ、どの物件の何号室の鍵かが、誰にでもすぐわかるように整理しなければいけないし、地味に大変な作業だったりもします。

物理的な鍵があるということは、常に紛失のリスクもあり、もし入居者が紛失してしまった場合、合鍵をつくって渡すなどの手間と費用が発生してしまいます。スマートホーム化して、「鍵のない管理」が可能になれば、管理会社の仕事の効率化も実現できるわけです。

オーナーのところでもふれましたが、スマートドアロックなら、鍵を紛失したり、または入居者の入れ替えがあったりしたときでも、暗証番号の初期化やカードキーの交換だけで、いちいち鍵自体を交換する必要はないので、経費削減にもつながるはずです。

●ロボット掃除機の遠隔操作で室内をピカピカに

管理会社にスマートホーム化のメリットを話すと、スマートドアロックで、鍵のない管理が可能になるところに、まず興味を持ってもらえます。鍵の管理、内見の案内など、普段の業務とパッと結びつけられるため、メリットを理解できるからでしょう。もう一つ、管理に関わる日常的な業務も、スマートホーム化によって大きく効率化できるため、ここも訴求ポイントになります。

退出時、次の入居者が決まっているならいいのですが、そうでない場合、空き室のまま管理することになります。よく「家は人が住まなくなると、すぐ痛んでくる」といいますが、それはマンションも同じ。人が住んでいれば、窓や玄関の開け閉めで空気が循環しますが、空き室だとそれがありません。湿気やほこり、空き室独特の臭いや、見えないところにカビが生えてしまったりします。


管理会社が特に苦労しているのが結露対策でしょうか。営業マンが定期的に物件をまわって、少しずつ窓を開けて空気を入れ替えている、という会社がありました。そのために人を動かすのは、かなりの労力となるはずです。別の管理会社では、湿度の高い時期は24時間、エアコンを運転し、結露対策していたともいいます。スマートホーム化されていなかった頃は、確かに必要な対策ではあったのですが、省エネや環境問題の観点からも今後は見直していく必要があります。

スマートホーム化すると、これが一気に改善します。エアコンの運転を、週に3日、12時間ずつ、のように湿気が発生しやすい時間を狙ってスケジュール設定しておけば、頻繁に人が巡回する必要がなくなります。温度・湿度センサー付きの赤外線リモコンを用意しておけば、スマートフォンでその日の状態を確認して、必要があれば遠隔操作でエアコンのスイッチを入れることもできます。

掃除に関しては、ロボット掃除機を活用するのはいかがでしょう。週に何回か、決まった時間に掃除が始まるように設定しておくこともできるし、急な内見が入った時は、スマートフォンの操作で、いつでも室内の掃除を始められます。

また、内見の時、部屋の照明やエアコンのスイッチをオフにし忘れるケースも、案外あるそうです。そんな時も、スマートホームなら外から確認して、忘れていたらオフにできます。スマートドアロックなら、鍵を閉め忘れたとしても慌てて戻る必要はありません。

●空室にありがちな「臭い」対策もスマート化

内見に行った時、室内にいやな臭いがこもっていて、その部屋に良くない印象を持つ人もいます。匂いの原因は、トイレやお風呂、キッチンなどの水まわりであることが多いようです。

排水管を見たことがあればわかるかもしれませんが、洗面ボウルなどの下でS字に大きくカーブしています。カーブしたところに水がたまり、臭いが下水方向から上がって来るのを防いでいるのですが、空き室の状態が続き、水を流さなくなると、カーブしたところが乾いてしまい、臭いが上がって来る。

それが、空き室のいやな臭いに大きな原因になるそうです。

内見の予定がなくても、管理会社は定期的に人を派遣し、水を流すようにしているそうですが、労力を考えると、作業に対して負担が大きすぎます。最近は、時間やセンサーで自動的に水が流れるトイレもありますし、スマート化して遠隔操作で水を流せるトイレもあるため、水が乾かないように、一定間隔で水を流すことも可能です。

換気扇を遠隔で操作してもいいし、空気清浄機を置いておいて、外から操作したり自動的に運転するスケジュールを組んだりしてもいいでしょう。

スマートホーム化によって、わざわざ現地に行かなくても管理できるようになり、管理会社にとっては交通費の節約になるし、スタッフを、もっと建設的な仕事に集中できるようにもなります。

今後、可能性の広がりを感じているのはリフォームです。単なるリフォームではなく、新たな付加価値をつける「リノベーション」が注目されていますが、スマートホーム化は、十分に新たな付加価値となるでしょう。それによって家賃を高く設定できれば、施工会社だけでなく、オーナーにも管理会社にもメリットがあります。

特に、部屋の間取りを変更するようなリノベーションの場合、併せてインターネット環境も見直して、最新の通信規格の性能をフルに発揮できる、最先端のスマートホーム化が

スマート化でトイレの封水が自動でできる

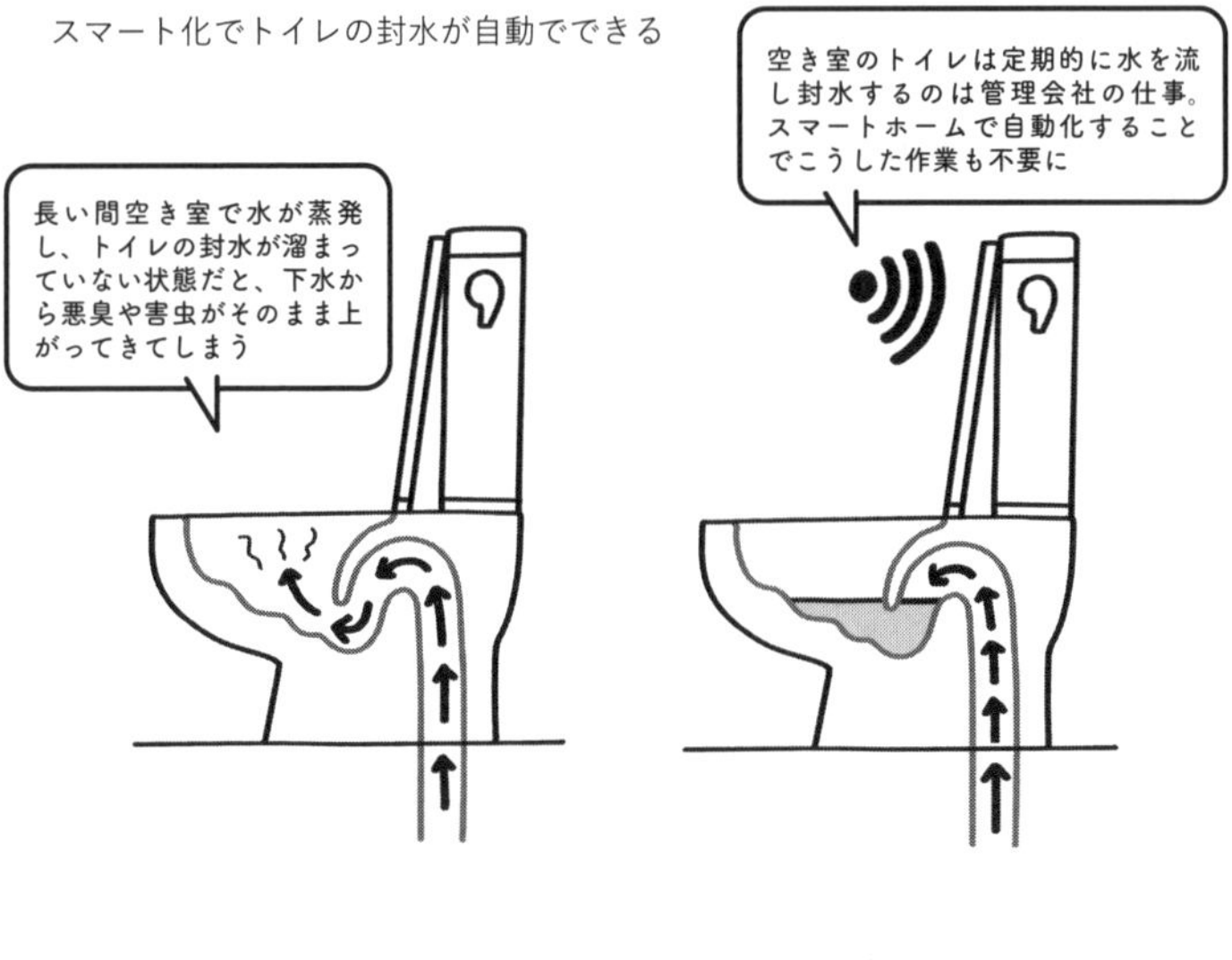
長い間空き室で水が蒸発し、トイレの封水が溜まっていない状態だと、下水から悪臭や害虫がそのまま上がってきてしまう
空き室のトイレは定期的に水を流し封水するのは管理会社の仕事。スマートホームで自動化することでこうした作業も不要に

可能です。

実際、大手デベロッパーから当社への相談も増えており、リノベーションはスマートホームが普及する1つのきっかけになるかもしれません。

高齢者施設編
大きな可能性を秘める「サ高住×スマートホーム」

超高齢化が進む日本では今後、高齢の夫婦が暮らす世帯、または高齢者一人暮らしの世帯が増えていくはずです。高齢者施設の需要も高まっていくでしょう。そこにもスマートホームの可能性はあると思いますが、医療や介護の現場で利用するとなると、かなり高い機能が求められるため、どう対応できるかが今後の課題になります。親和性が高いのはサービス付き高齢者向け住宅、いわゆる「サ高住」だと思います。

サ高住とは、自宅とほぼ変わらない自由度の高い暮らしを送りながら、安否確認や生活相談などのサービスが受けられる。バリアフリー対応の高齢者向け住宅のこと。

・比較的介護度が軽く、自立していながら、自宅で暮らすことが難しくなってきた時の選択肢となる住宅。

・居室には台所やトイレ、浴室がついている物件もあり、自由度の高い暮らしを送ることができる。

・有料老人ホームと違い、サ高住は賃貸契約となる

という点が特徴となり、新しくサービスを開始するところも増えています。ポイントは、それぞれの居室内で自由度の高い暮らしができるところで、本人とその家族の希望があれば、スマートホーム化も十分に可能だと思います。

ここまで何度かふれてきましたが、エアコンの温度・湿度をあらかじめ設定しておけば、夏でも冬でも、居住者本人は何もしなくてもコントロールできます。

スマートカーテンを使えば、毎朝、決まった時間にカーテンを開け、太陽の光を浴びることもできます。あらかじめ設定しておいてもいいし、離れて暮らす家族が、アプリで温度や湿度をチェックして、遠隔操作してもいいでしょう。

スマートスピーカーを用意すれば、スマートフォンがなくても、音声で子どもたちのところへ連絡できるし、グループ通話機能を使えば、子どもたち、孫たちも含めたグループ

で、楽しいひと時を過ごすのも可能になります。便利というだけでなく、一人で心細かったり、寂しさを感じるお年寄りに対して、気軽に声がけできたりすることで、家族も安心できるはずです。

●サ高住のスマートホーム化でみんながハッピーに

サ高住にはスタッフが常駐し、日々の安否確認を行ってくれますが、大勢の高齢者が暮らしているため、常に全員の見守りができるわけではありません。そこで利用したいのがネットワークカメラや転倒検知センサー、動体センサーなどです。

高齢者の一人暮らしでは、いつ、どんなトラブルが起こるかわかりません。昨日まで元気にしていたのに、突然の脳梗塞、心筋梗塞などで室内にいながら倒れることもあり得ます。その際、どれだけ迅速に対応できるかによって、生死を分ける場合もあるのです。

病気でなくても、室内を移動しながら、つまずいて転ぶかもしれないし、ベッドから出ようとして、うまく身体を支えられずに転げ落ちてしまうかもしれない。そんな時、転倒検知センサーは通常の動きと異なる動作や普段の動作から外れるような速度で移動したような場合、すぐ異常に気付いて施設の担当者へ連絡し、対応してもらうこともできます。

まだまだ元気だと思っていた親の老いを感じる瞬間は、突然やってくるもの。ソファから立ち上がるのに苦労したり、電話で何度も同じ質問をしてきたり。一度始まると、老いの進行は想像以上に早く、久しぶりに帰省したら、急激に衰えている様子にショックを受けることもあります。

介護サービスをフルに活用しても、限られた時間のサービスが多く、誰かが駆けつけなければどうしようもない場合もあるでしょう。電話をしてもなかなか応答してくれないと、「何かあったのかも」と不安になります。近くに親戚がいればなにか起きたときに助け合えるかもしれませんが、そうでなければ何か対策を考えなければいけません。

サ高住はその対策のための選択肢の一つであり、今後、需要は間違いなく増えていくでしょう。

また、ＩＴ、ＩｏＴを活用して、高齢者の生活支援を実現するテクノロジーは「シニアテック」「エイジテック」とも呼ばれ、新しい製品、サービスが次々に登場しています。サ高住と、そうした製品、サービスを組み合わせることで、状況は大きく変わるはずです。

高齢になった親の暮らしを、便利で快適、かつ安心・安全なものにしながら、子どもたちの負担も軽減する。それが実現すれば、親と子ども、双方の不安がかなり取り除かれ、精神的なゆとりも生まれるでしょう。

●室内のスマート化で精神的にもゆとりが生まれる

高齢者の生活環境という視点でのスマートホーム化のメリットは、自動化や遠隔操作によって、注意力や記憶力に頼らない環境が実現するところにあります。

歳を取れば、認知機能が低下するのは仕方ないし、少しずつ、身体が思うように動かせなくなるものです。精神的なゆとりがないと、「ちゃんとしてよ」「こっちにも都合がある」など、ついキツイ言葉を口にしがちですが、自動化や遠隔操作で暮らしをサポートできれば、そうした場面も少なくなるはずです。

サ高住でのスマートホーム化は、そこに暮らす高齢者だけでなく、家族にも、また施設側にとっても大きなメリットがあります。当社としても、今後の成長領域だと位置づけていますが、課題の1つが通信環境の整備です。

今の時代、サ高住でもインターネット環境は構築されていると思いますが、ネットワークカメラなどの使用を前提にすると、スペック的に心もとないところもあります。

相応のデータ量をやりとりする前提で、インターネット環境、室内での無線ＬＡＮ環境を整えないといけないため、それがどこまで可能なのか。既に建てられている物件の場合、出来ることには限界があるかもしれません。

理想は、設計・計画の段階からスマートホーム化を意識していただき、それにふさわしいネットワークを構築すること。当社に計画・設計段階からご相談いただければ、スタッフ等従事者の負担軽減、入居者の生活の質向上、さらに離れて見守られているご家族に安心感などスマートホーム化によるさまざまな価値をご提案することができます。ＩｏＴ技術、スマートホーム化によって、ここまでできるようになったことをより多くの人に知っていただくこと自体も、当社の使命と考えております。

スマートホームのコスト編
キーワードは「ワンストップ」にあり

ここまで読み進めていただいた人の中には、「スマートホームって、なかなか良さそう」と思い、どれくらいの費用がかかるのか、自分でネット検索した人がいるかもしれません。

その結果、どんな印象を受けたのかは、だいたい想像できます。情報が散在している状態で、いろいろとスマートホームを意識した製品、サービスはあるけれど、「結局、どうすればいいの？」という素朴な疑問に、わかりやすく答えてくれるウェブサイトは少ないからです。

検索して最初に出てくるのは、大手家電メーカーが販売しているＩｏＴ家電でしょう。どれも先進の機能を持ち、専用アプリを使えば、室内はもちろん、外出先からでもいろんな家電の操作が可能になります。スマートホームを体感できますが、問題は価格。ＩｏＴ

家電の多くは、今のところ上位機種に位置づけられ、エアコン、テレビ、照明、冷蔵庫などをすべて買い替えると、それなりの出費になります。

また、基本はメーカーごとに専用アプリがあるため、異なるメーカーの製品には対応していません。テレビとエアコン、冷蔵庫がそれぞれ別のメーカーのＩｏＴ家電の場合、３つのアプリで操作することになり、これではリモコンが多過ぎるという従来からの悩みと変わらないことから、期待が大きいためがっかり感は強くなるはずです。

最近では、大手家電メーカーもスマートホームサービスの提供を始めていますが、デバイスの設置は利用者主体（オプション料金で訪問設置もある）が主流で、月額利用料金制どもありますが、使い続けると設置に必要な費用をランニングコストが上回る可能性があります。

「やっぱり、スマートホーム化は高いのか」と思いがちですが、実は、単体でインターネット接続できる最新のＩｏＴ家電に買い替えなくても、スマートホーム化は十分可能です。その場合の鍵となるのが、スマートリモコンではないでしょうか。

スマートホーム化し複数の家電をまとめて操作することに向いているスマート機器（デ

バイス）がスマートリモコンです。インターネットでスマートフォンとスマートリモコンをつなぎ、アプリを操作すると、スマートリモコンから家電に向けて赤外線が発信されます。

メーカーの立場からすれば、ＩｏＴという付加価値をつけた家電はなるべく高く売りたいでしょうし、専用アプリで囲い込みたくなるのもわかります。確かに、専用アプリを使用するほうがより直感的に操作や、専用機能を最大限に生かすことができます。スマート家電を同じメーカーで揃えるならそれが正解なのかもしれません。ですが、当社はもう少し大きな範囲や枠組みでスマートホームをとらえています。

流行的に扱うのではなく、また、快適な住まいというライフサイクル全体に良い作用をもたらすような仕組みとして、スマートホーム化を推進・定着させるために、今、何が必要かを考えています。

●回線導入、機器の設定、保守までをワンストップで

日本の住宅の場合、最初に問題になるのはインターネット回線です。新しい住宅なら、光回線の導入は難しくありませんが、古い住宅は最新規格のパフォーマンスをフルに発揮

するのは難しいケースが多々あります。ここ十数年で通信の規格や技術が飛躍的に進歩を遂げていることから、最新の通信規格や速度・品質などを十分に発揮できる通信設備の基準や条件も進化しているためです。

新しい配線設備に入れ替えようとしても、構造的に難しい物件もあり、ここがボトルネックです。

日本の規格で認められていない海外製の製品がＥＣサイト上で安価に販売されていたり、設置、保守に関して十分な解説やサポートを実施しているところは多くありません。最近、ようやくＩｏＴ機器メーカーや販売業者のサポート自体は見られるようになってきましたが、十分とは言えない状況です。

そこで当社では、光回線の手配から集合住宅においては全住戸へのＷｉ‐Ｆｉの導入。ＩｏＴスマートホーム機器の選定、提案。そして万が一の「困った」に対応する保守や故障時の修理まで、ワンストップで提供できる体制を構築することにしました。

回線の導入、ＩｏＴ器機の購入と設置、保守を別々の業者にまかせていると、コストや手配にかかる手間、各業者との打ち合わせや業者間の連携の手配など、導入にかかる時間と手間・費用がどんどん膨らんでいきます。

それこそ「スマートホームは一部の富裕層のもの」となりかねません。それではスマート化の推進に時間がかかります。

収入の低い若い世代も、何かと出費の多い子育て世代も、そして高齢者世代も含めて、誰もが無理なく、それぞれに最適化されたスマートホームを手に入れられるようにしたい。スマートホーム化により多くの人に安心と安全と快適さをお届けしたいと考えており、国内のスマートホーム浸透のブレイクスルーとなるのが狙いです。

ようやく、産業界でもこうした動きが芽生えてきています。三菱地所の総合スマートホームサービス「HOMETACT（ホームタクト）」は、メーカーの垣根を越えたＩｏＴ器機の自由な連携が可能だといいます。

生活関連サービスとの連携も見据えたオープンプラットホームで、こうしたサービスが増えてくれれば、スマートホームの導入を具体的に検討する人も増えるでしょう。当社としても、大いに歓迎したい流れです。

●スマートホームが住宅のデフォルトになる日を目指して

海外でも、メーカーの垣根を越えた「シームレスな統合」の動きがあります。スマートスピーカーの代表的な音声アシスタント、つまりＡＩは次の３つです。

・アマゾンのアレクサ
・グーグルのグーグル・アシスタント
・アップルのシリ

それぞれとても便利ですが、もともと互換性がなく、アマゾン・エコーでグーグル、アップルの製品をコントロールすることができませんでした。そこで、より使い勝手を良くするため、オープンソースの相互運用規格「Matter（マター）」が２０２２年10月からスタートしました。

このように、スマートホームを取り巻く環境は、数年前と比較にならないほどの勢いで変化しています。今後、導入に際して国からの補助金が用意されるようにでもなれば、さらに加速していくでしょう。

単に便利、快適というだけでなく、ここまで記して来たように、セキュリティ、健康管理、高齢者の見守りなどの物件に対する付加価値やサービスの汎用性、機能の拡張性をプラスできるスマートホームが、将来、住宅のデフォルトになる。

そんな日を目指して、当社は事業に取り組んでいきたいと思います。

利用者の声❶　活用法：スマート家電で自動化

スマートスピーカーをフルに活用して家電を自動化して生活にゆとりができました

高田玲矢さん（仮名）：東京都在住　28歳　一人暮らし　賃貸マンション（ワンルーム）
スマートホーム化に使用したデバイス等：スマートスピーカー、照明、カーテン、テレビ、エアコン、お風呂のスイッチ等

――スマートホーム化したきっかけは？

とにかく、生活を快適にしたかったからです。いろいろ自分で工夫してスマートホーム化を進めています。

――スマートホームのポイントは？

スマートスピーカーをフル活用している点です。フィンガースイッチポットを連動させて、「アレクサ、ご飯を炊いて」とか「お湯を沸かして」と声をかけるだけで家電が動いてくれます。もちろん、あらかじめ米を研ぎ、お風呂の掃除は自分でやる必要

はありますが、マルチタスクで作業ができるので時間効率は数倍アップしました。

また、カーテンも自動開閉できるようにして、「おはよう」と言えば、カーテンが開きます。朝、太陽の光を浴びることで、寝起きがよくなったように思います。ほかにも、コンセントにスマートプラグを取り付け、外出する際は「アレクサ、行ってきます」と言うと、室内の電気が消えるので、省エネ対策になるのはもちろん、火災などの心配も減りました。

もちろん、帰宅時に「アレクサ、ただいま」と言えば照明がついて、エアコンがオンになるように設定しています。自動化することで生活にゆとりができましたし、もうスマートホームは自分にとって生活の一部です。

――ほかにスマートスピーカーの便利な使い方はありますか?

買い物リストをスマートスピーカーに登録しておくことで、買い忘れがなくなりました。2022年の11月には、「皆既月食＋天王星食」がありましたが、忘れないようにリマインド機能で登録しておきました。おかげで、442年ぶりと言われる天体ショーを見ることができました。

利用者の声❷　活用法：日常生活や子育てをサポート

家事をしながら音楽を聞いたり、家事をサポートしてくれる欠かせない存在に

大坪綾香さん（仮名）：埼玉県県在住　35歳　夫婦と子どもの3人家族　分譲マンション（3LDK）
スマートホーム化に使用したデバイス等：スマートスピーカー（モニター付き）等

――スマートホームにしたきっかけは？

夫がスマートスピーカーの「アレクサ」を買ってきたのがきっかけです。最初は何に使えるのかよくわからず、とりあえずリビングに置きました。

――スマートスピーカーの主な活用法は？

音楽を聴くのが大好きなので、料理やお掃除をしながら「アレクサ、音楽かけて」と、家事を止めることなく音楽が聞けてとても便利です。「朝にぴったりな曲かけて」とか「カフェで流れていそうな曲かけて」など、その時の気分に合わせて好みの

曲をセレクトしてくれるのが嬉しいですね。

あとは料理中に「砂糖大さじ一杯何グラム?」など調べたいことにぱっと答えてくれます。また、毎朝のルーティンを設定しておいて、「アレクサ、おはよう」と言うと、天気予報と星占いを教えてくれます。その日の気温を確認して着替えを選び、小学2年生の息子は、星占いの結果に一喜一憂しています。

――お子さんもスマートスピーカーを使っていますか?

勉強や宿題でわからないことがあると、アレクサに聞いたりしています。また、息子は登校時間ぎりぎりまでユーチューブを見たり、ゲームをしたりしているので、毎朝「そろそろ時間だよ」「え〜、もう少し」の繰り返し。私も朝からガミガミ言いたくないので、アレクサへお願いすることにしました。平日の朝は、息子に登校時間を教えてもらえるように設定したら効果てきめん。私より、アレクサの言うことを聞くなんて!(笑)

毎朝の何気ないひとコマですが、朝はテレビをつけない我が家では、アレクサがやってきてから朝の時間がとても賑やかになりました。

両親の実家をスマートホーム化
離れて暮らしていても安心して見守れるようになりました

三原省吾さん（仮名）：千葉県在住42歳／両親の実家は埼玉県、父77歳　母73歳　戸建て（3階建て5LDK、2階にリビング）
スマートホーム化に使用したデバイス等：人感センサー付き電球、スマートスピーカー（モニター付き）等

――実家をスマートホーム化したきっかけは？

5年ほど前、当時72歳だった父が自宅で脚立から落ちて怪我を負いました。その後、よく躓くようになってしまったのです。転倒して家のガラス窓を割ってしまう事も度々。いつか大きな事故に遭ってしまうのではと心配で仕方なかったのです。離れて暮らしながらも、見守ることができないか？　と考えたのがきっかけです。

――見守りについて両親とどのように話されましたか？

最初は室内カメラを取り付けることを両親に提案しましたが、「監視されているようで嫌だ」と言われました。そこで利用したのは人感センサー付きの電球です。人を感知すると電気が点灯し、人の気配がなくなると自動で消灯します。インターネットにもつながっていて、私のスマホに通知されます。

——人感センサー電球は簡単に取り付けられるのですか？

はい、電球を替えるだけなので誰でも取り付けできます。これを1階と2階のトイレ照明として設置しました。トイレは誰でも1日複数回利用しますので、朝・昼・晩と通知を受けることで「ちゃんと行動している」と確認できるわけです。

——ほかに導入したスマートデバイスはありますか？

いつでも顔を見てコミュニケーションが取れるように、モニター付きのスマートスピーカーを入れました。あとは寝室やリビングのエアコンを自動で温度調整するデバイスを導入するなど、離れて暮らす両親が安心・安全で快適に過ごせるようなスマートデバイスを今後も導入していく予定です。

大家さんの声

入居者が変わった際にドアの鍵本体を交換する必要がなくコストが抑えられました

須藤晋也さん（仮名）：東京都県在住　45歳
物件：東京都（ＲＣ造地上５階建16戸）

――スマートホームにして便利になった点は？

以前は、入居者が入れ替わるたびに鍵を変える必要がありました。安全上必要で仕方がないと理解しつつも、交換費用などもかかり面倒だと感じていました。原状回復も含めて費用をいかに抑えるかは、不動産経営をする人の共通の悩みだと思います。

スマートホームにして、鍵交換の悩みは一気に解消しました。入退去時に交換するのは解錠用のカードだけ。万が一、入居者がカードを紛失してしまった場合も、カードの情報を削除するだけで無効化できます。

――入居率に影響はありましたか？

入居希望の方が現地を内覧した時の入居が決定する率が上がったように感じます。「スマートホームだから決めた」という意見はそれほど多くはありませんが、立地や家賃などの条件に次いで、スマートホーム化されていることで設備のよさを感じてもらえるので、複数の物件を比較した際、決め手になっているのでは？　と個人的には感じています。

――スマートホームで今後期待する機能はありますか？

今回初めてスマートホーム導入済みの物件を建てて気が付いたことは、空室期間中にエアコンの操作をリモートで出来た点がとても良かったと思いました。1階の部屋のみ地下へ続くメゾネット式として建築したのですが、湿気によるカビなどの影響がとても気になりました。しかし、リモートでエアコンの除湿や自動の温度調整が出来たことで、今まで問題視していた空室期間中の換気にも対応できました。

今後、IT技術の発展から、外壁の劣化時期を推測して修繕などのタイミングを通知してくれたり、宅配ボックスと連動して入居者へ通知したり、植栽物への自動水やり（記念にオリーブの木を植えたため）などできる様になったら、嬉しく思います。

管理会社の声

現場に行かなくてもできる管理業務が増え とても効率的になりました

賃貸物件の管理会社10社に、スマートホーム導入に関するアンケートを実施。
スマートホーム物件を取り扱う前後で変化したことをヒアリングした結果です。

――スマートホームを導入したマンションでは管理方法に変化はありますか？

物理的な「鍵」がなくなることで、紛失トラブルがなくなることがありがたいと感じました。紛失まではいかなくとも、「うっかり会社に鍵を忘れてきてしまった」という入居者に対応する必要がありましたが、顔認証や指紋、暗証番号など複数の解錠方法があることで、そうした緊急の業務がなくなりました。

入居者が変わるたびに、鍵の交換が必要でしたが、そうした手間もなくなりました。今まで退去後には鍵の交換手配をし、交換後に鍵の受け渡しや保管が複雑でしたが、とても簡易になりました。

また、空き室の管理で定期的に空気の入れ替えなどの作業がありましたが、今では自動化され、現地に行かないでも確認できる事が増えました。スマートホーム化物件では、通常実施していた日常的な管理が減ったことで時間短縮になりました。

――防犯カメラの設置で便利になったことは？

遠隔でエントランスやゴミ置き場周辺などの状況を確認できるようになりました。防犯面での強化にもつながったと思います。

――今後、スマートホームやIoTに期待することは？

スマホだけで、管理業務が完了できるようまで進化してくれるとありがたいです。また、入居者に対しても一人ひとりに専門のコンシェルジュがつくようなイメージでAIが強化されたら面白い。

今はスマートホームを選ぶのは、若い世代が多いのですが、高齢者でも安心・安全に使用できるようなマンションがあるといいと感じました。

ただ一つ心配なのが、IoT機器のハッキング。スマートデバイスのセキュリティを今後さらに強化する対策が必要だと感じました。

第4章

スマートホームだけじゃない2030年の未来像

デジタル技術のさらなる進化は「スマートホーム」だけに限りません。モビリティ、エンターテイメント、医療、農業などさまざまな分野、産業でテクノロジーが融合する未来は、もうすぐそこまで来ています。最終章では、そうしたワクワクするような未来像について紹介します。

スマートな未来予想図①
10年後、スマートフォンはなくなる⁉

前章までは、スマートホームの概要、メリット、どうすれば実現できるかなどについて、出来るだけわかりやすく解説してきました。

「そんなにいろんなことができるのなら、ぜひ暮らしに取り入れたい」。利便性に着目して、「実家の親の見守りに関しては、今から準備をしておいたほうがいいかもしれない」こう思う方もいるでしょう。あるいは、ネットワークカメラを使った見守り機能に、興味を示す人もいるかもしれません。

インターネットとＷｉ－Ｆｉの環境さえ整っていれば、どんなデバイス、家電、住宅の設備を組み合わせるかは、基本的に自由です。自分はどんな付加価値のある暮らしを実現したいのか。明確にイメージできるのなら、スマートホーム化への入口はもうすぐそこ。回線からデバイスの調達と設置・設定、いざという時の保守・サポートなど、ＤＩＹ的にご自身でチャレンジしていただくも良し、電気工事など別途必要な部分を業者へ依頼するも良しです。無論、当社へのご依頼やお問い合わせは大歓迎です。ぜひとも一歩踏み出してみてください。

住宅事情だけでなく、2020年から2030年までの10年間で、世界の様相は大きく変わるといわれています。本書の最後に、2030年、私たちはどんな社会で暮らしているのかを少し、見ていくことにしましょう。

まず、スマートホームでさまざまな家電、設備を操作するスマートフォンは、10年後どうなっているのでしょうか。逆の質問として、10年前、スマートフォンがこれほど私たちの暮らしに浸透すると予想できた人は、どれくらいいるでしょうか。

アイフォーンを世に送り出したスティーブ・ジョブズですら、当初は「一部のギーク（卓越した知識を持つ者を指すアメリカのスラング）かオタクにしかウケない」と、展開に消極的だったほどです。

それがどうでしょう。総務省が毎年実施している通信利用動向調査によると、情報通信機器の世帯保有率は、携帯電話、スマートフォンなどのモバイル端末が9割を超え、中でもスマートフォンの普及スピードは目覚ましく、２０２０年の時点で８割以上の世帯で保有しているといいます。あのジョブズの予見をはるかに上回るスピードで、スマートフォンは生活に深く根付いていきました。

●お隣の韓国では5G接続があたり前になっている

スマートフォンでできることは、ここ数年で劇的に増えたといえます。

出先でメール、メッセージをチェックする、ウェブ検索を行うなどの機能は、ふれる必要がないほどあたり前に使われています。高音質なハイレゾ対応の音楽プレーヤーとして使えるモデル、４K動画撮影できるモデル等々、機能の進化をあげていったら、それこそきりがありません。

コロナ禍で「非接触」の価値が高まったことで、キャッシュレス決済の端末としても多くの人が使い、コンサートなどのチケットの電子化も進み、紙チケットの時代が懐かしくなるほどです。

そして、我々の暮らしに深く浸透したスマートフォンの10年後はどうなるのでしょう？

歴史を振り返ると、一つの時代をつくったような技術も、やがて時代遅れの遺物となり、姿を消していった例はたくさんあります。カセットテープ、CD、ビデオ等々、いつの世も技術の世界は栄枯盛衰。10年後、スマートフォンがなくなっていたとしても、不思議ではありません。

スマートフォンの進化は、移動通信技術を抜きに語ることはできません。移動通信の規格は、ほぼ10年ごとに大きな進化を遂げてきましたが、1980年代にアナログ方式の1G（第1世代）から始まり、当初はほぼ通話のみでした。2000年前後から3G（第3世代）が始まり、ここでようやく文字のサイト閲覧ができるようになります。

2010年頃に承認されたのが4G（第4世代）で、2015年頃から商業的な利用が普及し、今、我々が楽しんでいる動画閲覧、動画のライブ配信などは4Gの技術があるからこそ実現したものです。

そして、2019年にアメリカと韓国で5Gが実用化され、新しい時代の扉が開かれました。最大通信速度は毎秒約20Gbpsで、4Gの10倍。2時間の映画が3秒でダウンロードできるといわれています。自動運転技術をはじめ、IoTの普及を念頭に開発された規格のため、超高速というだけでなく、多数のデバイスを同時にネットに接続しながら、通信の遅れがほとんど発生しないというメリットもあります。

この5G、日本ではまだ限られた地域だけでのサービスとなっていますが、アメリカはもちろん、お隣の韓国でもあたり前になりつつあります。以前、仕事で韓国に行った時、「5Gがつながる」とよろこんでいたら、「日本ではまだつながらないのか？」と不思議そうな顔をされた記憶があります。

日本で、今の4G並みに5Gが使えるようになるのは、おそらく2025年頃だと思います。5Gがあたり前の世の中になれば、いろんなことが変わります。自動運転の実用化にも拍車がかかるでしょう。そして、2030年頃には、次世代の通信規格として6Gが登場するはずです。

●スマートフォンからウェアラブル端末へ

現在、5Gの通信回線を利用するには、対応のスマートフォンが必要です。4Kや8Kといった超高画質の映像をタイムラグなく楽しめる。VR（仮想現実）やAR（拡張現実）のコンテンツが利用できる。快適な環境でゲームが楽しめる。5G対応スマートフォンでは、こんなことが可能になります。

コンテンツが変わるだけでなく、デバイスそのものも変わるでしょう。

今のように、手で持って操作するスマートフォンではなく、より実利的で、身体の一部となってなじむようなデバイスへ。現在のスマートフォンが搭載しているすべての機能（通信、ネットワーク接続、カメラ、写真管理等々）を持つ、次世代のウェアラブルデバイスが普及しそうです。

どういう形になるのかは、まだ模索中のようですが、ウオッチ、ゴーグル、メガネ、コンタクトレンズなどが5G対応ウェアラブル端末として登場し、スマートフォンは少しずつ、その役目を終えると予想されています。

スマートな未来予想図②一人ひとりにAIコンシェルジュがつく社会

ウェアラブル端末として既に普及しているのは、アップルの「アップル・ウォッチ」、グーグルが開発した「グーグル・ピクセル・ウォッチ」をはじめ、サードパーティが開発したスマートウオッチでしょう。腕に装着して使うところからいずれもウオッチ、つまり腕時計という名称です。もちろん時計としての機能はありますが、それだけではありません。スマートフォンと連携させてさまざまなことができます。

メールやメッセージ、電話の着信をバイブレーションで教えてくれたり、センサーにかざすだけで買い物の決済ができたり。現在のイメージはそんなところかもしれませんが、今後、ウェアラブル端末は大きく進化していくと予想されています。

デザイン面では、スマートウオッチをさらに小型化した、指輪型のウェアラブルデバイスがすでに販売されています。指にはめたリングとスマートフォンを連携させることで、さらに多くの機能が使えるようになるでしょう。

衣類タイプのデバイス、スマートウェアもあります。服の中にセンサーが組み込まれ、着用するだけで心拍数などのバイタルデータ、位置データ、温度や湿度などの環境データが収集できるのです。

最もイメージしやすい近未来型のウェアラブルデバイスは、やはりスマートグラスでしょう。メガネのように装着したまま、情報を表示させたり、通話したり、カメラ機能で撮影・録画したりも可能になります。スマートホームと親和性が高いのも、このスマートグラスかもしれません。

ウェアラブルデバイスの機能として、期待されているものの1つが健康管理です。既に搭載されているモデルもあり、アップル・ウォッチはヘルスケアアプリと連動することで、手軽に健康管理に必要な基礎データを収集することができるようになっています。心拍数や歩数、移動距離の計測、ジムでの運動量管理、さらに心電図計測機能、転倒検知機能などを。ウェアラブル端末で血圧を計測したり、栄養バランスの偏りを把握して、選ぶメニューの参考にしたりといった機能にも注目しています。

GPSや各種センサーを搭載したウェアラブルデバイスが、健康管理についてアドバイスしてくれるようになるかもしれません。

例えば、デスクに同じ姿勢で座り続けると、健康に悪影響を与えるといわれますが、ウェアラブルデバイスが検知し、デスクワークが一定時間過ぎた時点で教えてくれる機能もあります。

こうした機能がさらに進化すると、人間の行動を常時モニタリング・分析し、フィットネスや体調管理に関するアドバイスを受けられるようになるはずです。つまり、「一人ひとりにAIコンシェルジュがつく」時代が、もうすぐそこまで来ています。

●ウェアラブルからインプランタブルへ

この領域での未来を語るとき、欠かせないのが「IoB」です。

IoTは「モノのインターネット」でしたが、このBは「Bodies」＝人間の肉体と、「Behavior」＝日々の行動という2つの意味があり、

IoBは、Internet of Bodies／Behavior、要するに「身体、行動がインターネットに

つながる技術」がＩｏＢです。

今、多くの人が生活の中でＩｏＴデバイスを利用していますが、収集するデータの中には身体に関するものも多く含まれます。ＩｏＢは、ＩｏＴをさらに進化させたものともいわれ、進化には3つのフェーズがあります。

第1フェーズは「定量化」で、ＩｏＢデバイスを装着し、心拍数や運動量などの身体情報を収集・計測する段階です。機器の代表的なものがスマートウォッチで、ここまで記したように、既に実用化されています。

第2フェーズは「体内化」。ＩｏＢデバイスを体内に埋め込み、利用する段階です。ちょっと怖い印象を受けるかもしれませんが、医療機器である心臓ペースメーカーもＩｏＢデバイスの1つ。今後、医療分野を中心にＩｏＢデバイスを活用する事例が増えると予想されています。

身に着けるウェアラブルに対して、体内化はインプランタブルと呼ばれ、先進的な取り組み事例も生まれています。スウェーデンの鉄道では、乗客の体内に埋め込まれたマイクロチップを乗車券代わりに使うシステムが導入されています。いわば「体内Ｓｕｉｃａ」のようなイメージです。アメリカにも、従業員の体内にチップを埋め込み、売店などでの決済に利用する事例もあります。

第3フェーズは「脳内化」で、脳に直接IoBデバイスを埋め込んで利用するもので、従来のデバイス（ハードウェア）は乾いている（ドライ）であるのに対して、脳は常に血液（液体）であふれているため「ウェットウェア」とも呼ばれます。

このフェーズはまだ研究段階ですが、脳にチップを埋め込み、脳波で機械を操作するBMI（ブレインマシンインターフェイス）など、日本でも研究が進められています。BMIには、身体の機能の代替、脳や身体の機能回復、精神や神経に関する病気の治療などへの応用も期待されています。

最後のウェットウェアの実現にはまだ時間がかかるでしょうが、ウェアラブルからインプランタブルへの動きは意外に早いかもしれません。

スマートな未来予想図③「仮想空間」「人間拡張」でヒトが変わる

女優の綾瀬はるかさんと、ピアニストの角野隼斗さんが登場する、ＮＴＴドコモのＣＭはご存知でしょうか。

最初に映されるのは、流暢にピアノを弾く綾瀬さんの姿。次に、筋肉の動きに関する情報を取得するセンシングデバイスを、腕などに装着した角野さんが、ピアノを演奏する場面に切り替わります。そのまわりにいるのは、角野さんの手の動きをセンシングデバイスで動作データに変換する研究者たち。

俳優が演奏するふりをして、実際の音はプロの演奏家が出している。映画、ドラマではよくあるシーンですが、このＣＭで、綾瀬さんは実際にピアノを弾いているのです。でも、綾瀬さん一人で弾いているわけではない。

どういうことかというと、遠くにいる角野さんの手の動きを電気信号に変えて転送し、他者と共有できる「人間拡張」の技術のおかげで、綾瀬さんもピアノ演奏が可能になっているのです。

NTTドコモは、5Gの次にやってくる6G時代の新たなコミュニケーションとして、人の動きや感覚を、他の人やロボットに伝送する技術、「人間拡張」のプラットフォームを開発しているそうです。

この技術によって、ピアノ演奏だけでなく、例えばスポーツの動きなどもスキルとしてダウンロードして、自分の身体で再現することが可能になります。にわかには信じられないような話ですが、技術の進歩はそこまで見据えているのです。

6Gの通信速度は100Gbps〜1Tbps、5Gの10〜100倍といわれる超高速通信が可能になり、国内外や室内外など場所を問わず、リアルタイムな情報を手に入れられるようになります。電波が及ぶ範囲も5Gより広がり、遠隔地はもちろん、宇宙との通信も可能といわれています。

また、超多接続も特徴の一つで、1平方キロメートルあたりの多接続は、5Gで約100万台といわれていますが、6Gでは約1000万台を目指しています。アクセス集中による伝送遅延の問題はほぼなくなり、リアルタイム監視によるセキュリティの強化が可能です。オンライン会議、授業の精度も向上し、住んでいる場所を問わず、同じ情報や体験を得られると期待されています。

6Gで飛躍的に進化するメタバースの世界

もう少し具体的に、6G世界で何が起こるのかまとめてみましょう。

6Gの活用により、VR（仮想現実）／AR（拡張現実）が、より現実味を帯びて来るはずです。離れて暮らす親のところへホログラム映像を送り、まるで相手が目の前にいるような感覚でおしゃべりができる。イベントやライブを遠隔で行う。実際の職場環境と遜色ないテレワーク環境も実現するはずです。

モバイル端末の充電は、コードをつなぐか、充電台の上に置いてワイヤレスで行うか。どちらにせよ「充電する」という意思が必要でしたが、6Gには自動ワイヤレス充電という技術があります。6Gの通信エリアに入ると、意識しなくても、自動で充電されるという仕組みです。自動ワイヤレス充電はとても便利で、ウェアラブル端末も、外出先でバッテリー切れになる心配が減るため、使い勝手が高まるでしょう。

また、高画質、大容量のデータ伝送はもちろん、6Gによって精度が高まり、綾瀬さんのCMのように、リアルタイムでの大容量通信があたり前になります。複数の医療機関をつなぎ、オンラインで遠隔手術を行ない、遠方の地域からでも、名医と呼ばれる医師の診察が受けられるようにもなるでしょう。

仮想区間でアバターによる活動を行う「メタバース」は、5Gの技術を背景に注目を集めています。今後、6G時代に向けて飛躍的に進化すると考えられます。

メタバースのポイントは、限りなく、現実世界に近い状態で活動できるところです。現実世界と同じく、常に時間が流れ続ける世界で、私たちはアバターを動かして一緒に遊んだり、ミーティングをしたりできます。

メタバースとVR/ARを混同する方もいるようですが、これは別物です。メタバースはインターネット上に存在する仮想の空間で、ゴーグルのようなVR機器の有無に関係なく楽しめます。VR/ARは仮想現実を現実のように感じとる技術で、VR機器が必要です。

メタバースとVR/ARは別物ですが、対立するものでもありません。メタバース空間で、より臨場感のある体験をするためにＶＲを使うことがあります。例えば、メタバースのオンライン会議には、ＶＲ機器がなくても参加できますが、ＶＲ機器があると、視界は３６０度の仮想空間に。話し手の位置も音の聞こえ方に反映され、より高い没入感で会議に集中できるようになるでしょう。

メタバースはゲームの世界で先行事例が数多く生まれていますが、今後はビジネスシーンでの応用が進むはずです。仮想空間のオフィスにアバターで出社し、同僚とコミュニケーションをとり、仕事をするバーチャルオフィス。展示会などを、オンラインの仮想空間で開催するバーチャルイベント。リアルの店舗と同様、商品やサービスの購入ができるバーチャルショップ。

５Ｇで普及が本格化し、２０３０年以降に始まる６Ｇの世界では、私たちの想像を超えるような展開が待っているかもしれません。

スマートな未来予想図④
自動化、スマート化で世界は変わる

今後、5Gが本格的に普及することで、さまざまな領域でのスマート化が進むと思います。最もイメージしやすいのはクルマの自動運転でしょう。自動運転を実現するには、車載のデータだけでなく、リアルタイムの道路・交通情報を、正確かつ遅延なく受信する必要がありますが、4Gでは難しかったものが、5Gによっていくつものハードルをクリアできるようになるはずです。

自動運転のレベルは、関連する技術が何もないレベル0から、完全自動化のレベル5までの6段階があります。現在、市販されているモデルに搭載されるなかで、最も進んでいるのはレベル3の「条件付き自動運転」です。高速道路などを走行中、一定の条件を満たせば、アクセル、ブレーキ、ステアリングの制御をシステムにまかせ、ドライバーは手を離した状態で走行できます。最初は半信半疑で、ペダルから足を離すのも、ステアリングから手を離すのも怖かった、という人もいます。でも、特に渋滞区間での疲労を大きく軽減してくれることもあって、「一度知ったら手離せない」となるケースが多いそうです。高齢化が進む日本では、絶対に必要なシステムではないでしょうか。

自動運転の技術だけを見れば、現時点でも相当なレベルまで来ています。5Gの普及が後押しするはずですが、技術以外の課題として、例えば法整備の問題などもあります。自動運転で走行している時、もし事故に巻き込まれたら、過失はドライバーにあるのか、システムにあるのか。判断は難しい。また、日本の都市部は細街路が多く、一方通行、進入禁止、しかも時間帯によって規制が変わるなど、システムにとって難しい環境もあります。

2030年にどこまで進んでいるのかわかりませんが、まず、走行ルートがあらかじめ決まっている路線バス、または特定の観光エリア内など、区間を限定するところから自動運転が始まり、高速道路の一区間、一般道へという流れになる気がします。

将来、完全自動運転が実現すると、クルマは「移動するリビングルーム」として利用されるのかもしれません。動くスマートホームと言ってもいいでしょう。スマートスピーカーが備えられ、話しかけるだけで音楽や動画を流してくれたり、コーヒーを淹れてくれたり。そんな未来を想像してしまいます。

自動車関連でいえば、「空飛ぶクルマ」の実用化もそう遠い未来ではないようです。基本的な仕組みはドローンと同じで、モーターの回転数をコントロールし、プロペラが生み出す揚力を調整しながら機体を制御します。難しいのは、人が乗れるサイズにしながら、ドローンのように安定させること。日本でも自動車メーカーと大学、ベンチャー企業などが協力して、実証実験が始まっています。

●スマートホームの存在価値はますます高まる

スマートホームに近いところでの未来像というと「空飛ぶベッド」があります。アメリカのバンブルビー社が提供する家具には、ＡＩなどの先端技術を駆使した独自のソフトウエアが搭載されていますが、面白いのは、収納やベッドなどの家具を天井に収納できるところ。朝、目覚めたらベッドを天井に収納し、夜、寝る時になった天井から降ろします。だから「空飛ぶベッド」。

将来的には、キッチン家具、子ども部屋の家具など、あらゆるものを天井に収納できる世界観を目指しているそうです。今は住宅にフォーカスしていますが、これをオフィスの会議室に応用すれば、使用する人数に合わせて柔軟にレイアウトを変更できるし、効率の良い空間の使い方ができるはずです。

この考え方はスマートホームと親和性が高いと思います。日本の住宅事情でも、限られたスペースを目一杯有効活用できるでしょうし、例えば収納にセンサーやカメラを備えれば、何が、どこにあるのか、スマートフォンで簡単に確認できるようにもなるでしょう。

このように、2025年、2030年を一つの目途にして、社会のさまざまな領域で大きな変化が起こるはずです。スマート化、自動化するために欠かせないインフラが、5G、そして6Gへ続く移動通信規格。そして、いろんな機能を実装するデバイスも、どんどん進化していくと思います。

一方、どんなに技術が進化しても、それを使いこなすのは人間だという基本は変わりません。一軒家、または集合住宅に暮らすというスタイルも変わらないでしょう。住宅は、日々の暮らしに最も近いデバイスであり、そのデバイスが新しい機能、そして付加価値を持つことが、目まぐるしく変わる社会環境に戸惑わず、便利で快適、安心安全な暮らしを営むためには欠かせないのではないでしょうか。

社会のデジタル化、スマート化とともに、スマートホームの存在価値は、これからますます高まっていく。私はそう確信しています。

●あとがき

ここ数年、「〇〇Tech（テック）」という造語を頻繁に見かけるようになりました。〇〇に入るのは既存の産業を指す言葉で、Tech＝Technologyとかけ合わせることで、新しい価値創造を目指す動きを指しています。例をあげると、

Fin Tech（フィンテック）＝Finance（金融）×Tech

Ed Tech（エドテック）＝Education（教育）×Tech

Agri Tech（アグリテック）＝Agriculture（農業）×Tech

ITなどの最新技術は、以前なら限られた産業でしか活用されていませんでしたが、インターネットの普及とともに、業界問わず取り入れられ、そこから新しいビジネスの芽が生まれ、市場を活性化しています。〇〇Techの住宅版が、

Home Tech（ホームテック）＝Home（住宅）×Tech

本書のテーマであるスマートホームは、ホームテックの最重要項目であり、住空間、家具、家電、設備を含め、住まい全体を1つの装置のようにとらえます。その装置を使いこなすことで、未体験の価値に包まれた暮らしが可能になります。

どうしても、利便性に注目が集まりがちで、スマートホームについて説明すると、「どんどん自動化して便利になる反面、弱者の仕事を奪うことになるのでは」とロボットが人間の仕事を奪う未来を危惧する方もいます。

また、お年寄りや、その家族の中には、

「ラクになるのはけっこうだけど、ちょっとした動きさえ怠けるようになったら、かえって老化が早く進むような気がします」

システムに頼ることで、体力が低下することを懸念するのでしょう。

2つの反応の背景にあるのは、スマートホームの便利さが向上するイメージに加え、体を動かさずに何かを成すことは悪というような、日本特有の文化的認識もあるかもしれません。確かに、住まいをスマートホーム化すれば、利便性は高まり、人間がラクをできる側面はあります。

でも、それがすべてではありません。利便性を高めると同時に、ネットワークとつながることでセキュリティを高められるし、健康管理・維持の効果も期待できますし、遠く離れて暮らす親を見守るコミュニケーションツールとしも有効です。テクノロジーに頼ることは、問題解決に人間味のないドライな印象を受けるというのが、一般的な意見であったかもしれません。

世界的にもコロナ禍という特殊な状況を経験して、人と対面できることの貴重さなどが改めて認知され、相手の顔が見えることや相手の声を直接聞くことの喜びを重視する人も多い事でしょう。

スマートホーム化は技術の押し付けや、人を堕落させるきっかけになるようなことはなく、むしろ遠く離れて暮らす親兄弟と絆を強くするきっかけになりえると思います。スマートホームはきちんと目的をもって使用することで、多くの人が幸せになるツールなのです。そこを強調したくて、この本をまとめてきました。

それに、どこまでスマート化するかは、それぞれの住環境、一人ひとりが何を求めるかによってカスタマイズできます。高齢者といっても、最近のお年寄りは元気な方が多いので、最初はスマートドアロック、照明やテレビ、エアコンのコントロールくらいから始めてもいい。少し身体に不自由を感じたり、腰痛などの持病があったりするなら、スマートカーテンで、開け閉めのたびに立ち上がる必要をなくす。ロボット掃除機に毎日のちょっとした掃除はまかせればいい。
離れて暮らす親の見守りも、最初は玄関ドアや冷蔵庫の開閉センサーで、日常生活を送れているかを確認して、少しずつ、ネットワークカメラを使う映像確認へ移行していってもいいのです。最初からすべてをスマートホーム化するのではなく、今、必要な機能だけを加えながら、便利に、快適に、健康に、安心安全に暮らせる。そうした使い方ができます。

人生が物語だとしたら、家は舞台です。お芝居では、場面によって舞台が転換しますが、スマートホームなら、住む人のライフステージに合わせて機能を追加したりすることで、簡単に転換できます。決してシステムに頼り切りになるのではなく、主役はあくまでも住む人。すべての人のQOL（暮らしの質）を高めるための舞台として、スマートホームを見てほしいと思います。

舞台を設営するには建築、舞台美術等の知識を持った専門家が必要なように、スマートホーム化も、通信、電気、設備、運用・保守の専門家に依頼するのがベスト。当社は数少ない専門家の1つであり、スマートホームのパイオニアとして、これからも発信を続けていくつもりです。

●謝辞

本書の最後に、スマートホーム化推進プロジェクトに参画していただいた、すべての皆様へ感謝を申し上げます。

思い返せば、50年以上にわたり通信・電気工事を生業としてきた当社ですが、肝心のインターネット技術を使用したＩｏＴ（モノのインターネット）を利用しスマートホームを構築する事が、ここまで多くのパートナー様のお力添えをいただくことになろうとは、当初は想像できておりませんでした。

そもそもの始まりで、新規事業を計画していた当社へ重要なご縁を取り持っていただいた私の先生（コノウェイ株式会社：久野様）、

ＩｏＴ機器の仲介として中国・韓国・日本の企業の橋渡しを担っていただいた、韓国企業の代表者様（ミレセウム株式会社：デビッド様）、

コントロールアプリ開発から多くのアドバイスをいただいた開発会社のご担当者様（ＴＵＹＡ様）、

初めての試みに繰り返しのトライ&エラーでスマートホーム化マンションの新築完成まで根気よく導いていただいた設計会社様（山川設計：小林様）、工務店様（齋藤工務店：伊澤様）、

新築物件の全部屋へスマートホームを導入するとご決断をいただいたオーナー様（相京様・岡澤様をはじめオーナー仲間の皆様）、

既存の賃貸物件では取り扱いしていなかったスマートホーム導入済みマンションを入居希望者様へ繋いでいただいた管理会社様（エイブル：鈴木様、坂本様、応援いただいた店舗スタッフの皆様）、

当社が推進したスマートホーム化マンションへ、実際にご入居いただき様々なご意見ご感想をいただいた全てのご入居者様、

全てが初めての中、手探りでも懸命にプロジェクトへ向き合っていただいた当社スタッフのメンバー、

そして出版に際し多くのご指導をいただいた協力会社様（オトバンク：上田様・クロスメディア：根本様）。

これまで関わっていただいた方の誰か一人とて欠けていたら、本書籍に込めた想いを世

に伝えることはできませんでした。多くの皆様に関わって頂けた結果、本書籍の出版まで至りました。

本当にありがとうございます。

当社のスマートホーム化推進事業も、世に出ている多くのＩｏＴ機器も、あらゆる『スマート化』の業界も未だ発展途上にあります。

目指すは、誰もが安心・安全・快適・便利な世の中です。目指す世界では決して、置いてきぼりになる人がいない事を強く望みます。

これからも、引き続き世のため人のために役立てるように、頑張って参ります。宜しくお願い致します。

著者

読者特典のご案内

スマートホームの最新情報を定期的にお届け！

スマートホームを取り巻く環境は、日進月歩で進化を続けています。本書の発刊（2023 年 2 月）後も新たな情報や機器が登場してくるでしょう。

そこで、本書をご購入いただいた方に特典として今後新しく世に出るスマートホームの最新情報や、実際にスマートホームを体験できる体験会のお知らせなど、スマートホームに関する情報をいち早くお届けします。

スマートホーム化で安心・安全・便利・快適なくらしを手に入れたいという方は、この機会にぜひ特典をお申し込みください。

特典のお申し込みはこちら
https://iotele.info/book/

［著者略歴］

小白　悟（こしろ・さとる）

株式会社三和テレム　代表取締役　電気通信工事業。

1966年生まれ。千葉県出身。東海大学工学部経営工学科を卒業後、大手通信機器メーカーへ入社。資材部・バイヤーとして勤務する。1992年に同社を退職し、父の経営する株式会社小白通信建設（現：三和テレム）へ入社。

通信工事技術で業界トップを目指すも、己の不器用さに挫折を経験。翌年、追い打ちをかけるかのように大事な仲間を不慮の事故で失い、痛烈な批判を受ける中、社員・協業の職人と地道な対話を続け、安全・安心を最重要視する会社へと改革を進める。2005年、代表取締役に就任。

2020年、義母が入所する介護施設で夏に誤って暖房が入り熱中症になりかけている姿を目の当たりにしたことをきっかけに、安心・安全に加え、誰もが快適な住空間を手にするにはどうしたらよいかを徹底的に考える。たどり着いたのは、自社で50年培ってきた「通信」「電気」「建物管理」の専門知識を掛け合わせた住まいのスマート化。以降、スマートホーム化推進事業に取り組み、2022年にフルスマートホーム化の賃貸マンション11棟の建築に携わり、スマートホーム普及に尽力。自身もマンションオーナー兼不動産投資家としてその内の2棟を建築し、1棟は満室、もう1棟は売却とスマート化による成果を着実にあげている。現在は、更なる棟数の建築に加え、一般家庭や福祉分野・商用施設への普及・協業を計画している。

鍵《かぎ》のいらない生活《せいかつ》
スマートホームの教科書《きょうかしょ》

2023年3月1日　　初版発行

著　者　　小白　悟

発行者　　小早川幸一郎

発　行　　株式会社クロスメディア・パブリッシング
〒151-0051 東京都渋谷区千駄ヶ谷4-20-3 東栄神宮外苑ビル
https://www.cm-publishing.co.jp
◎本の内容に関するお問い合わせ先：TEL（03）5413-3140／FAX（03）5413-3141

発　売　　株式会社インプレス
〒101-0051 東京都千代田区神田神保町一丁目105番地
◎乱丁本・落丁本などのお問い合わせ先：FAX（03）6837-5023
service@impress.co.jp
※古書店で購入されたものについてはお取り替えできません

印刷・製本　　株式会社シナノ

　978-4-295-40803-1　C0077